다시,
정의의 길로
비틀거리며 가다

다시, 정의의 길로 비틀거리며 가다

전환기 시민정치를 생각하며

초판 1쇄 인쇄 2012년 3월 25일
초판 1쇄 발행 2012년 3월 30일

지은이 안병진
펴낸이 박미옥
디자인 이원재

펴낸곳 도서출판 당대
등록 1995년 4월 21일 제10-1149호
주소 121-838 서울시 마포구 합정동 354-34 엘림오피스텔 602호
전화 02-323-1315~6 | **팩스** 02-323-1317
전자우편 dangbi@chol.com

ISBN 978-89-8163-156-7 03300

"다시, 정의의 길로 비틀거리며 가다"

전환기 시민정치를 생각하며 | 안병진 지음

당대

이 책을
지금 내는 이유

거인이 깨어나고 있다. 오랜 세월 고단한 삶 속에서도 인내하던 거인이 드디어 눈을 부릅뜨고 있다. 기지개를 켜며 몸을 조금씩 흔들던 거인은 자신의 숨겨진 거대한 힘에 스스로도 놀라고 있다. 그 거인의 이름은 바로 시민이다.

지금까지 시민들은 소위 자칭 각 분야 엘리트들이 공감과 대표의 능력을 키우기를 절실히 고대하며 인내해왔다. 도저히 참을 수 없는 임계점에 도달하면 잠시 온·오프 광장이나 투표소에 출현하여 견제를 하고 다시 삶의 현장으로 복귀하곤 했다. 하지만 그 인내의 시간 동안 시장과 정치는 우리의 삶의 뿌리로부터 너무 멀어진 그들만의 리그가 되고 말았다. 이제 국내외적으로 시민의 대반격이 시작되었다. 이의 최종 목표는 우리 삶의 공동체에 기반을 둔 시장과 정치로의 재구성이다.
물론 과거 민주화의 시대에도 시민들의 반격은 빈번하게 있었다. 하지만 이 당시의 반격은 주로 더 나은 공감과 대표의 체제를 만들도록 수동적으로 요구하는 성격이 강했다. 그리고 이를 관철시키기 위한 무기란 기껏해야 간헐적으로 표현한 군중의 힘과 개별적 투표 행위였다.
반면에 오늘날 시민정치 시대의 대반격은 그저 막연히 공감해 주길 바라는 수동적이고 모호한 성격이 아니다. 능동적으로

공감의 시스템을 디자인하고 엘리트들을 통제해 가면서 동시에
직접 집단지성으로서 대표하기도 하는, 큰 차이를 가진다.
그리고 이를 관철하기 위해 일상적이고 지구적인 네트워크
신경망을 자유자재로 구사한다. 이제 더 이상 광장과 투표소는
간혹 열리는 장이 아니라 하루하루가 광장이고 선거일이다.

이 대전환기의 길목에선 난 가슴이 두근거리기도 하고
두렵기도 하다. 시민들의 자유로운 행동이 만들어낼 새로운
길과 이 과정에서 벼려질 정치이론을 생각하면 지식인으로서
가슴이 뛴다. 그런 한편으로 역동적으로 진행될 미래에 거의
준비되어 있지 못한 정당들의 극도로 한심한 상태와 성장의
초기단계에 불과한 시민공동체의 현단계를 생각할 때,
좌충우돌할 여정의 예감이 벌써부터 나를 현기증 나게 한다.
결국 2013년 누가 집권하더라도 진흙탕 속에 망가지며 고단한
순례길을 감수해야 한다.

하지만 비틀거리는 길로의 순례는 더 인간다운 사회, 더
자유로운 사회를 추구하는 이들에게는 필연적 운명과도
같다. "정의의 길로 비틀거리며 가다." 내가 무척 좋아하는
책의 제목이다. 대학 정년교수직의 안락한 특권을 스스로
뿌리치고 더 나은 삶의 문명공동체를 치열하게 실천해 나간

리 호이나키의 작품이다. 더 나은 인간, 더 나은 시민공동체의
삶의 뿌리로부터 절연되지 않는 지식이란 무엇인가, 하는 그의
화두를 나는 언제나 판단의 기준선으로 삼아왔다.

비록 난 그와 같은 치열한 구도자의 길과 감히 비교할 수도
없지만, 나름대로는 공적 지식인(public intellectual)을 지향해
오고 있다. 공적 지식인이란 시민공동체의 문제 해결에 초점을
맞추고 이를 위한 실천적 지식을 생산하여 사회에 개입하는
사람들을 일컫는다. 이는 자신의 미세한 전공분야의 순수한
이론적 관심으로 움직이는 전문가라는 개념과 사뭇 다르다.
또한 시민공동체의 문제 해결의 수단으로서 정치라기보다는
정치권력 자체를 목적으로 지식을 활용하는 이른바
'폴리페서'(poli-fessor)와도 다르다.

이 책은 감히 공적 지식인으로서 『한겨레신문』 칼럼 등 여러
신문을 통해 전환기의 한국사회에 던지는 다양한 화두들을
모아놓은 것이다. 나에게 공적 지식인의 모든 화두는 앞에서
언급한 하나의 문장으로 집약된다. "정의의 길로 비틀거리며
가다." 이 문장은 다시 두 가지 중요한 문구로 구성된다.

정의의 길. 이른바 486세대인 나에게 이 정의의 길이란 단어는
언제나 가슴속 깊은 울림을 가지고 있다. 하지만 이 길이 언제나

분명한 단 하나의 모습만을 가진 건 아니었다. 어떤 시절엔 민중이 주인 되는 세상이 곧 정의의 길이었고, 또 어떤 시절엔 민주화가 곧 정의의 길이었다. 대한민국이 민주화 이후 시대에 접어들고 나도 40대 중반이 된 지금은 자유롭고 정의로운 국가, 곧 민주공화국이 그 길이다.

이 책은 앞으로 내가 수십 년간 추구할 민주공화국의 화두, 즉 공화주의의 길에 대한 다양한 탐색을 담고 있다.

비틀거리며 가다. 단 하나의 분명한 이념을 추구하던 대학시절 같았으면 난 이 기이한 문장이 마음에 들지 않았을 것이다. 눈에 보이는 선명한 정의의 길이 있는데 똑바르게 갈 것이지, 왜 창백한 지식인처럼 비틀거리는가?

하지만 난 지금 이 묘한 문장이 무척 마음에 든다. 이젠 정의의 길이 내비게이션을 켜면 나오는 선명한 고속도로라기보다는 무성한 숲속의 작고 험한 비탈길 같은 것이란 것을 알기 때문이다. 마치 신영복 선생님의 표현처럼 부단히 떨리는 나침반의 바늘에 의지하여 비틀거리며 목적지를 찾아나가는 길일 것이다.

나는 이를 불완전한 실천 속에서 끊임없이 새로이 이론을 재구성해 나가는 프래그머티즘의 정신으로 바꾸어 부르고 싶다. 이것은 그저 돈이 되면 다 진리라는 이명박식 물신주의로서의 실용주의와는 차원이 다르다. 이 프래그머티즘(pragmatism)이란 더 나은 인간을 위한 부단한 진리의 재구성을 말한다.
이 책은 앞으로 내가 수십 년간 추구할 이론의 실천적 혁신의 화두, 즉 프래그머티즘의 관점이 녹아 있는 다양한 탐색을 담고 있다.

"정의의 길로 비틀거리며 가다." 이 문장을 나 나름의 철학적 문제의식으로 표현하면 이 공화주의와 프래그머티즘의 융합, 즉 공화주의적 프래그머티즘이다. 이는 더 나은 인간, 더 나은 시민공동체를 위해 부단히 우리의 삶을 혁신하고 진리를 재구성해 나가고자 하는 방향을 말한다.
이런 견지에서 보면 이 책의 모든 칼럼들은 내가 유학시절 배운 이론을 현실에 적용하는 글들이 아니다. 오히려 그 어느 나라보다 복잡한 길에 직면하여 여기서부터 나 자신의 내비게이션을 부단히 재구성해 나가려는 실사구시의 시도이다. 그 과정에서 구성된 진리는 언제나 현재진행형이다.

과거 대학시절 내가 심취했던 레닌주의는 이 민주공화국과 프래그머티즘의 문제의식이 너무 약한 것에서 비극이 비롯된다. 레닌은 로마에서 자유와 견제와 균형 등 위대한

공화주의 가치를 배우기보다는 영웅의 웅혼한 문체에만
정신이 팔렸다. 다른 한편으로 레닌은 흔한 볼셰비키들과 달리
미국에서 포드주의 효율성의 탁월함을 간파해 냈다. 하지만
그는 미국 역동성 근저의 프래그머티즘 정신을 깊이 이해하지
못한 상태로 단순한 효율성을 볼셰비키의 굳은 이념과
결합하려 했다. 결국 그의 후계자들은 견제되지 않으며 역동적
혁신의 에너지가 부재한 전제적 권력의 괴물을 만들어버렸고
한반도에는 가장 기괴한 형태의 봉건적 변종이 활동하고 있다.

대학시절의 한계를 넘어서고자 한 나의 그 이후 시도는 이
공화주의적 프래그머티즘으로의 여정으로 요약될 수 있다.
우연한 운명처럼 내가 미국으로 유학한 대학원인 뉴 스쿨 포
소셜 리서치(New School for Social Research)는 이 문제의식의
거장이자 20세기가 낳은 가장 위대한 사상가인 존 듀이가
설립하였다.
존 듀이는 당시 귀족주의적 흔적이 강한 기존 미국의 대학들과
달리 이 뉴 스쿨 포 소셜 리서치 대학원을 통해 성찰적
민주시민을 만들어내기 위한 학교를 꿈꾸었다. 그는 진정한
의미에서 리 호이나키와 같은 공적 지식인의 전형이다.
왜냐하면 평생에 걸쳐 그는 미국을 정의로운 시민공동체로
바꾸기 위해 비틀거리는 여정을 걸어왔기 때문이다.

나는 유학시절 여전히 과거 이념의 관성 때문에 어리석게도
듀이의 위대한 사상을 깊이 공부할 기회를 놓쳤지만, 결국은
운명인지 그의 문제의식으로 회귀하고 있다. 이 책은 좌우의
굳은 이념과 평생 투쟁하면서 보다 유연하고 보다 인간적인
진리를 추구한 존 듀이와 같은 공적 지식인으로서 살아가고자
하는 나의 다짐을 투영하고 있다.

처음에 출판사에서 이 책을 내자고 제안했을 때 사실 무척
망설였다. 왜냐하면 신문 칼럼의 속성상 매우 짧은 지면에 글을
담다 보니 깊은 문제의식을 표현할 수 없기 때문이다.
심지어 좌우 양쪽에서 자신들의 생각과 다르면 많은 오해를
하기도 했다.
좌파는 나의 자유주의 제안이 듀이와 같은 급진적 진보주의
문제의식의 투영인데도 기분 나빠했다. 그들에게 자유주의란
시장 만능주의 유파의 다른 이름에 불과하거나 보수로의
전향을 의미했다. 안타까운 것은 자신들의 실천의 많은 부분이
사실은 진보적 자유주의 문제의식에 근거하는 것을 스스로
눈치 채지 못하고 혼란에 빠져 있다는 사실이다. 더구나 그들
다수가 선망하는 유럽 사회민주주의가 바로 그 선각자인
비그포르스(E. Wigforss)가 밝힌 대로 자유주의의 토대 위에서
꽃핀 진보주의인데 말이다.

좌파들이 자유주의에 대한 본능적 거부감을 가진다면,
우파들의 비극은 천민 자본주의에서 살아가다 보니 진화한
자유주의를 내면화하지 못한 채 자유주의를 옹호한다는 사실에
있다.
기존 민주당 우파계열은 견제와 균형, 법치주의 등 자유주의의
긍정적 가치들을 이해하지 못한 채 자유주의를 타락시켰다.
트렌드에 민감한 일부 인사들은 자유주의의 가장 기괴한
괴물인 시장 만능주의(신자유주의)가 마치 미래의 비전인 양
착각하기도 했다. 한나라당의 극우파 계열은 이에 대한 나의
비판이 좌파로부터의 지적이 아니라 그저 시어도어 루스벨트
같은 탁월한 보수의 관점에서의 비판에 불과한데도 기분
나빠했다.
안타까운 것은 한국의 보수가 자의적 지배에 대한 견제와 균형,
사회적 약자 입장에서의 법치주의, 상호공존과 상호이익의
국제공동체의 가치를 이해하는 합리적 보수주의로 성장하지
않으면 좌우 모두에게 불행하다는 사실이다. 왜냐하면 우파는
스스로의 집권 가능성을 부단히 파괴할 것이고 좌파는 그
덕분에 편하게 집권하여 긴장감 없이 망가질 것이기 때문이다.

하지만 난 생각을 바꾸어 오해를 받더라도 이 책을 통해 우선
다양한 화두들을 애피타이저처럼 던지고 나서 곧이어 두 권의

본격적인 이론서를 내놓고자 한다. 이 책이 가볍게 화두를
던지는 글이라면 6월경에는 보다 이론적으로 전환기의 성격을
파고들 예정이다. 즉 민주화 이후 시민정치 시대로의 전환에
대한 이론적 해명을 시도할 생각이다. 학문적으로 다양한
화두를 던진 깊은 배경과 논쟁적 구도에 대한 체계적 설명은 이
책에서 주로 제시할 생각이다.
또한 듀이의 프래그머티즘 정신에 따라 총선과정에 대한
지식인으로서의 관찰경험을 새로운 정치학 이론 속에
녹여낼 생각이다. 내년 초에는 총선과 대선에서 확인된
한국과 미국의 새로운 선거운동과 대의제 작동방식의 혁신을
'위키폴리틱스'(Wiki-Politics, 집단지성의 정치)의 관점 아래
사례연구로 제시할 예정이다.

여기에 수록된 칼럼들은 당시 정세에서 나름대로 이론적으로
개입하기 위한 실천적 고투들이다. 주로 활용한 칼럼은
『한겨레신문』, 『시사인』, 『중앙일보』, 『국민일보』,
『부산일보』, 『헤럴드 경제』, 『폴리뉴스』, 『이슈 투데이』 등에
실린 글들이다. 비록 당시 정세 맥락에서의 글들이지만 감히
생각하건대 지금 시점에서도 여전히 생각해 볼 화두이기에
글을 모아보았다. 가급적 당시 글의 문제의식과 현장감을
살리기 위해 오늘날 시점에서 고치는 부분은 최소화하였다.

지금 이 순간에도 난 다음날 『한겨레신문』의 "세상읽기" 칼럼
순서가 돌아와 책상 앞에 앉아 있다. 글을 쓰다가 문득 깨달은
것은, 글은 나의 많은 숨겨진 모습을 드러내준다는 사실이다.
아마 독자들은 나의 무수한 비문들을 보며 학교 교육과정의
중요성을 다시 한번 깨달을지 모르겠다. 더 깊은 내면세계로
들어가면, 내가 무엇에 상처받으며 무엇을 욕망하고 또 무엇에
분노하는지도 글은 잘 드러내준다.
이 과정에서 정직하게 나의 한계와의 대면은 숲속의 힐링
캠프이기도 하고 명상의 시간이기도 하다. 시민공동체 속에서
뿌리내리며 보다 더 나은 인간으로 성숙해 가는 여정의 필수적
동반자인 글쓰기 작업이 나를 무척 행복하게 한다. 나의
좌충우돌의 비틀거리는 여정에서 만날 모든 이들과의 우정의
공동체를 위해 이 글을 바치고 싶다.

2012년 1월 31일
안병진

차례

이 책을 지금 내는 이유

1. 2012년 새로운 체제가 다가온다

2012년 새로운
체제가 다가온다

"혁명이 예고되고 있다."
이젠 정말 잊은 줄 알았는데, 며칠 전 주마등처럼 스쳐간
1980년대 운동권 문건의 제목이다. 다만 그 당시 문건이
기대하지 않은 성격의 혁명일 뿐이다. 바로 선거를 통한 새로운
자유주의 혁명 말이다.

최근 화제가 되고 있는 모든 이슈들을 연결해서 생각할 필요가
있다. 안철수, 강남좌파, 야권통합운동, 진보정당의 다양한
분화, 한진중공업 논쟁, 이명박의 공생론, '발끈혜'(조국 교수의
유머) 현상 등은 지진이 일어나기 전 다양한 균열의 신호에
불과하다. 이를 분리해서 생각하는 이들은 앞으로도 여러 번
자신의 예측과 다른 현실에 당혹해할 것이다.
이 모든 퍼즐조각들은 '새로운 자유주의 체제로의 이행'이란
큰 그림으로 점차 뚜렷한 형상을 드러내가고 있다. 지금까지
한국은 민주화에도 불구하고, 경제·정치·문화에서 자유로운
권리와 자의적 지배에 대한 견제와 균형으로 압축되는
민주공화국의 자유주의를 만개하지 못했다. 천민 자본주의와
시장 만능주의가 혼합된 기괴한 괴물에 숨구멍이 질식되어
왔기 때문이다. 그런데 자유주의 혁명이 지층 밑에서

꿈틀거리며 올라오자 각 이념세력은 당황해하거나 혹은 혼란
속에서 좌충우돌하고 있다.

나는 안철수 신드롬이 있기 전 『한겨레신문』에 "다가오는
자유주의의 시대"라는 예측의 칼럼을 썼다가 다채롭게 욕을
먹었다. 예를 들어 강준만 교수는 신간에서, 강남좌파 현상을
다가오는 자유주의 시대의 한 징후로 연결한 나의 진단을
냉소적으로 지적한 바 있다. 하지만 안철수를 강남좌파로
낙인찍고자 한 수구들의 시대착오적 소동처럼, 이 현상의
심층에는 기존 여야와 다른 매력적인 자유주의 주체의 등장에
대한 존재적 불안감이 그림자처럼 드리워져 있다.

안철수, 문재인, 박원순, 조국 등 현재 주목받는 이들은 각각
이념적 스펙트럼에서는 다양하지만 정부 대 시장, 평등 대
자유, 권리 대 책임, 고용 안정 대 유연화, 세계시민주의 대
애국 등 기존 좌우의 낡은 이분법으로 잘 포착되지 않는다.
그리고 자신의 새로운 가치를 말이 아니라 전문영역에
단단히 뿌리내린 공통점이 있다. 이들에게 본능적으로 끌리는
20대들은 촛불시위 등에서 드러냈듯이 새로운 자유주의
감수성의 세대로서 2008년 미국처럼 2012년 한국 소셜
네트워크 혁명의 주력부대가 될 것이다.

야권통합운동과 진보정당의 분화는 얼핏 보면 안철수나
강남좌파 논쟁과 무관해 보이지만 궁극적으로 그 본질은
다가오는 새로운 자유주의 시대에의 적응이나 혼란 혹은
거부이다. 자유주의는 곧 보수가 아니며 진보에게 모욕적인

낙인도 아니다. 예를 들어 협동조합운동의 한 흐름처럼
자유주의적 사회주의나 사회주의적 감수성을 가진 자유주의는
얼마든지 급진적이다. 생각이 있는 진보라면 지구적 자본주의
시스템의 흔들림과 새로운 자유주의의 도래가 동시적으로
다가오는 미묘한 상황에서 어떻게 이를 최대한 더 진보적으로
이끌 것인가를 고민해야 한다.

앞으로는 어떤 징후들이 기다리고 있을까? 그건 아마 시한부
인생인 기존 경제 패러다임의 본격적인 삐걱거림일 것이다.
그리고 윤여준 전 장관 같은 탁월한 재사만이 아니라 더 많은
합리적 보수주의자들이 기존 낡은 체제로부터 이탈하려 할
것이다(이 글을 작성한 후 합리적 보수주의의 신사인 김성식, 홍종욱
한나라당 의원이 용기 있게 탈당을 감행했다). 이는 곧 이명박계의
불면의 밤과 박근혜 전 한나라당 대표의 더 빈번한 실수로
이어질 것이다.

이 새로운 차원의 이행의 기간과 그 결말이 무척 궁금하다.
이행이 제대로 관리되기만 한다면 대한민국은 민주공화국으로
진화할 수 있다. 단순히 정책설계 수준이 아니라 이제
본격적으로 새로운 체제에 대한 논쟁을 시작할 시점이다.

2011년 9월

문재인과
노회찬의 운명

이런 걸 두고 데자뷔 현상이라 하는 걸까?
희망이 보이지 않는 긴 터널의 끝에서 문재인 노무현재단
이사장이 드디어 밝은 모습을 드러낸 후 마치 운명처럼
우리에게 다가오고 있다. 그는 〈SBS〉 힐링 캠프에서 박근혜
대표도 어찌할 수 없는 매력과 존재감을 여실히 드러낸 후
야권의 중심으로 자리 잡고 있다.
진보정치의 세력화에 온몸으로 매진해 온 노회찬 통합진보당
대변인도 진보의 독자성을 지키면서도 야권의 단일한 무대에서
치르는 국민경선을 작년 말부터 이야기하기 시작했다.

2002년 대선을 한참 앞두고 절망만이 엄습하던 그때도 그랬다.
난 당시 존재감이 약했던 노무현 의원이 『말』지에 실린 글에서
시민의 잠재된 힘에 대한 놀라운 통찰력을 드러냈을 때 그에게
주목하자고 주변에 말하기 시작했다. 또한 당시 민주노동당의
노회찬 부대표가 『말』지에서 국민경선을 제안하였을 때 그의
지혜에 놀랐던 기억이 생생하다.

오늘날 대선을 몇 개월 앞두고 '문재인 현상'이 시작되었다.
노회찬은 야권의 단일한 국민경선을 제안한 바 있다. 2001년의

부활이다. 단 2.0의 버전으로 말이다.

이 의미를 깊이 이해하는 자들이 2011년 이후 새로운 10년을 주도할 것이다.

더 멀리 거슬러 올라가면 문재인과 노회찬의 운명은 전태일이 제기한 '사람 사는 세상'에의 꿈에서 비롯된다. 80년대 노무현과 문재인은 선구적인 노동변호사였고 노회찬은 노동운동의 새 장을 열었다. 하지만 그 이후 전지구적 시장 만능주의 광풍이 그들을 갈라놓았다.

2011년 현재 여전히 힘의 균형과 정의가 극도로 일그러진 천민자본주의 현실은 노회찬과 심상정 전 진보신당 대표 그리고 이정희 민주노동당 대표에게 야권정당 및 시민운동과의 연대를 절실히 요구하게 만들고 있다.

다른 한편으로 정동영 민주당 최고위원, 유시민 국민참여당 대표 등은 결국 자신들의 삶의 뿌리인 노동을 강화시키지 않고는 어떤 민주와 복지의 미래도 없음을 절감하며 희망버스에 탑승한 바 있다.

2001년의 노무현과 노회찬과 달리 2011년 문재인과 노회찬은 참여정부의 성공과 좌절을 극복하면서 노동의 관점에서 민주와 복지 아젠다를 함께 고민해야 한다.

2001년 노사모는 훌륭한 역할을 수행했지만 엄밀한 의미에서는 '노무현을 사랑하는 모임'이지 민주주의를 위한 '민사모'나 노동을 위한 '노사모'는 아니었다.

2011년 문사모(문재인을 사랑하는 모임)는 2001년에서 더 나아가 진보적 민주주의의 영구적 혁신을 위한 백만민란이나 내가 꿈꾸는 나라 등의 시민정치운동과 함께 성장해 나갈 것이다.
대통령후보 여부를 떠나서 문재인과 노회찬은 민주공화국을
위한 새로운 차원의 시민정치운동의 흐름을 함께 만들어야
한다.
당시 노회찬 등이 선구적으로 제시했던 국민경선은 민주당의
예비경선으로 구현되면서 승리의 핵심 동력이 되었다. 하지만
그것은 민주당 내의 경선이란 점에서 반쪽짜리 성공이었다.
그리고 노무현을 당선시킨 이후 민주당은 우경화되거나
분열하고 말았다. 다른 한편으로 진보정당들은 대중적
진보정당이 아니라 활동가의 정당으로 위축되거나 분열하고
말았다.

2011년 노회찬은 국민경선을 제안한 바 있다. 당시 시점에서
이 아이디어의 타당성 여부에 대해서는 다양한 이론들이 있을
것이다.
하지만 2001년 반쪽짜리 경선을 넘어 2012년에는
야권세력들이 대선에서 단일한 시민경선의 플랫폼을 만들어야
할 필요성은 누구도 부정하지 않을 것이다.
문재인과 노회찬 그리고 민주당과 진보정당 들은 이후
정당발전의 전망이나 연합 수준의 세부 디자인은 서로
다르더라도 이 거대한 오픈 플랫폼과 선거법 개혁의
디자인에는 즉시 함께해야 한다.

문재인은 『회고록』에서 "물과 물이 만나 바다를 이루는 법"을
이야기한다. 노회찬은 거친 풍랑을 헤쳐 나가는 유연하고
깊은 지혜를 가진 선장의 모습을 진보의 모델로 강조해 왔다.

민주공화국을 꿈꾸는 세력들이 서로 차이를 존중하면서도
역사의 큰 물줄기를 이루어 정권의 교체와 더 나아가 자의적
지배체제의 교체를 함께 이루어나갔으면 한다.
그것이 문재인과 노회찬의 운명이자 우리 모두의 숙제이다.

2011년 7월

닥치고
연애

"왜 나는 너를 사랑하는가"
알랭 드 보통(Alain de Botton)의 책 제목이다. 낙엽이 지는
가을에 연애의 진정한 고수가 되고 싶은 분은 이 책을 읽고
실천하며 다시 읽으면 된다. 그는 사랑의 복합적 속성,
아름다움과 추함, 기대와 환상을 기막히게 이해한다. 보너스도
있다. 잘 통독하면 정치의 고수까지 덤으로 된다.

왜냐하면? 연애나 정치가 다 본질적으로 비슷하기 때문이다.
책으로 만족하지 못하고 그를 직접 만나 비급을 전수받는
제자가 되고 싶은 분들은 간단하다. 한국의 알랭 드 보통인
김어준, 〈나는 꼼수다〉 사회자를 대신 만나면 된다.
〈나꼼수〉를 단지 술자리 심심풀이 '구라'나 '심층탐사 보도'로만
이해하는 분들은 김어준의 진정한 위력을 반만 아는 것이다.
그는 한국 정치심리학의 새 지평을 연 탁월한 지식인이다.
이 연애와 정치심리학의 달인이 최근 경찰의 수사대상이
되었다. 세상에, 그들은 마치 사랑에 빠진 딸을 삭발하려는
분노한 아버지와 같다. 그들의 탄압이 오히려 그에 대한 우리의
사랑을 더 단단히 해준다는 평범한 연애의 진리조차 이해하지
못하다니.

그간 왜 한국에는 정치심리학이 잘 발달하지 않았을까?
지난날 나는 유학을 마치고 귀국해서, 한국에서 박근혜 인기의
심리학적 비결을 분석하는 책조차 없고 정치인들이 건조한
통계 프레젠테이션으로 시민을 설득하려는 것을 보며 충격에
빠진 적이 있다.

사실 미국도 한동안 '과학적' 연구의 헛된 미명 아래 심리학이
천대받은 불행한 역사를 가지고 있다. 그 결과 경제 대위기를
제대로 예측하지 못한 학문의 위기가 양산되었다. 미국
유행에 민감한 한국은 협소한 의미의 과학주의를 맹신해 오며
정치심리학의 발전을 지체시켰다.
그동안 왜 한국에서는 김어준처럼 구체적인 삶 속에서 연애의
철학과 정치론을 풀어내지 못했을까?
나는 그 근저에서 지식을 삶의 뿌리와 단단히 연결하려는
실천적 지식의 문제의식이 약했기 때문이라 생각한다. 물론
도올 김용옥 교수나 신영복 성공회대 전 총장 등 탁월한 예외도
많지만, 마이클 샌델(Michael J. Sandel)의 그것처럼 사상과
구체적 삶이 잘 연결된 지식담론이 한국에서는 너무 약하다.

왜 한국의 대부분 진보진영은 김어준과 달리 자주 정치예측에
실패하게 될까? 왜냐하면 시민의 구체적인 삶과 자신들의
이념을 끊임없이 조응해 보는 노력을 하지 않거나 인생의
복합성을 이해하지 못하기 때문이다.
이들은 자신이 시민을 사랑하는 이유와 반대로 시민들이
자신을 사랑하는 이유가 다를 수 있다는 것에 대해서조차
별로 생각해 본 적이 없다. 또 어떤 이들은 질투심에 눈이 멀어

김어준의 분석은 친노의 정치적 결론이라고 비난한다.
세상에, 이들은 분석이 현실의 추이와 일치하는지를 먼저
따지기보다 낙인을 찍는 것으로 승리한다고 보는 모양이다.

일부 진보파들의 불편한 속내에도 불구하고 앞으로 김어준
현상은 더 강해질 것이다. 왜냐하면 이제 깨어 있는 시민들은
정치엘리트들의 내공 수준을 파악하게 되고 소셜 네트워크 등
자신들의 엄청난 무기의 위력과 맛을 알게 되어 본격적으로
정치가들을 통제하려고 시도할 것이기 때문이다. 시민정치가
만들어내는 안철수, 문재인 현상은 이러한 새 정치문법 속에서
움직인다.

김어준의 『닥치고 정치』에는 올해 누가 대통령이 될지의
비밀과 다양한 정치이론으로 발전할 가공되지 않은 원석이
보물처럼 들어 있다. 그의 다양한 단서들을 가지고 저마다 나는
왜 안철수나 문재인을 슬프게 혹은 기쁘게 사랑하는가, 그
사랑의 눈물과 미소엔 몇 퍼센트의 정당한 기대와 몇 퍼센트의
환상이 배합되어 있는가를 분석해 보아도 재미있을 것이다.
이제 사랑의 계절이 시작되었다.

2011년 10월

미국 '무브온'은
무엇이 새로운가?

2007년 이명박 후보의 당선 직후 나는 이제 한국에서도
개별 정치인의 팬클럽 수준이 아니라 500만 회원을 가진
시민정치운동인 무브온의 실험을 본격적으로 전개하자고
제안한 바 있다. 그리고 비슷한 문제의식을 가진
'시민정치행동'과 '백만민란'에 회원으로도 가입하였다. 자주
참여도 못하면서 두 조직에 동시에 가입한 것은 각 조직의
각개약진이 아니라 무브온과 같은 거대한 플랫폼이 절실함을
호소하고 싶었기 때문이다.

무브온은 무엇이 새롭고 왜 성공할 수 있었을까? 무브온의 태동
자체가 워싱턴 정치엘리트가 아니라 평범한 아웃사이더 그룹에
의해 이루어졌다는 것을 환기할 필요가 있다.
워싱턴 정가에서는 알려져 있지 않은 웨스 보이드(W. Boyd)와
조앤 블레이즈(J. Blades)라는 중년부부는 기존 정치에
환멸감을 가진, 성공한 실리콘 벨리 벤처기업가들이었다.
그들은 1998년 클린턴 성추문 탄핵정국에 진저리를 치며
이제 진짜 이슈들로 제발 넘어가자(move on)는 온라인
청원 캠페인을 전개하여 일약 정가의 돌풍으로 등장했다.
그 이후 미국을 급격히 약화시킨 이라크전쟁 등에서

용기 있게 반대운동을 전개하는 것은 물론 '반전' 후보인
오바마를 대선후보로까지 부상시키며 21세기 가장 성공한
시민정치운동이 되었다. 결국 무브온의 주된 에너지는 이
부부의 특성인 아웃사이더 정치의 혼과 21세기 웹의 힘을
이해하는 능력의 화학적 결합에서 나온다.

과거 광화문 촛불시위에서 문용식 대표의 〈아프리카 TV〉가
그런 절묘한 융합의 예이다. 한국은 탁월한 아웃사이더
정치문화와 웹의 감수성을 가지고 무브온보다 더 획기적인
집단지성의 결정양식을 개발해 나갈 풍부한 잠재력을 가지고
있다.

탄핵정국에서 우연히 탄생한 무브온은 오늘날 일상적이고
영구적인 시민정치가 가능하다는 것을 보여주었다. 그간
미국의 정당들은 사실상 일부 엘리트들의 주도로 캠페인
시기에 정치자금 모금과 유권자 등록을 독려하는 기능에
머물러왔다. 그리고 의회의 정치는 자주 교착상태와
무기력증에 빠지곤 했다.
미국의 무브온은 아래로부터의 시민정치를 조직함으로써
이 관성을 뿌리에서부터 흔들어오고 있다. 즉 21세기 견제와
균형의 미국 정치체제에서 시민정치운동은 외곽이 아니라
필수적 구성요소이다.

한국에서 사회운동을 마치 20세기 유산처럼 간주하고
과거의 유럽식 정당모델만을 강조하거나 혹은 기존 정당의
수혈대상으로만 생각하는 사람들은 무브온과 오바마

선거혁명의 역동적 과정 및 오바마 집권 후의 영구적인 역할을
보면서 놀랐을 것이다.

21세기 정치는 정당 내부를 대중적으로 개혁할 뿐 아니라
지구적·지역적 집단지성에 의한 온·오프 하이브리드의 운동과
일상적이든 선거시기이든 반드시 결합해야만 한다(나는 이것을
'위키폴리틱스' 혹은 '리눅스 정치'라 불러왔다). 이는 기존 정당이
대중적이지 않아서이기도 하지만 동시에 21세기를 담아내기에
정당모델 자체가 지극히 협소하기 때문이기도 하다.

또한 무브온은 단지 제도권 정치과정에 압력만 행사하는
시민단체가 아니다. 더 나아가 정치행동위원회라는 분업구조를
통해 총선과 대선에서 아래로부터 시민정치가를 등장시키고
훈련하는 거대한 플랫폼이다. 한국보다 더 대중적 참여공간이
열려 있는 미국 민주당이지만, 민주당 이전에 바로 무브온의
온라인 예비경선, 온라인 집단정책 노선이 오바마 선거혁명의
진앙지라는 사실은 우리에게도 의미심장하다.

무브온은 지금까지 21세기 가장 성공한 시민정치운동이다.
하지만 한국사회도 지각변동의 조짐을 보이고 있다. 이제
무브온보다 한 차원 더 높은 시민정치운동의 모델을
실천적으로 구성해 나가야 할 시점이다. 이를 통해 정치생태계
대전환의 계기를 만들어야 한다.

2011년 6월

박원순 현상과
새 정치시스템

지난해 말, 나는 대한민국의 새로운 체제로의 이행을 예고한 바
있다. 아울러 박근혜 전 한나라당 대표의 실수가 더 빈번해질
것도 예고하였다. 하지만 이렇게 빨리 실수가 시작될 줄은
몰랐다. 서울시장 지원유세를 말하는 것이 아니다. 더 중요한
실수는 안철수 현상 이후 위기에 빠진 '우리 정치 전체'와
정당정치를 구하자는 그녀의 메시지이다.

그럼 위기가 아닌가? 난 위기이기는커녕 오히려 축복이라고
생각한다. 엄밀히 말하면, 한국정치 자체가 아니라 기존
정당체제가 훌륭한 역할을 다하고 위기에 빠진 것일 뿐이다.
새로운 체제를 만들기 위해 한국사회는 정치시스템 재구성
운동을 시작했다.

이 사회적 보호운동은, 진보파 일부가 착각하듯이 단지
신자유주의 반대의 노동운동이나 국가주의적 분배의
복지시대를 의미하지 않는다. 진보의 대부인 칼 폴라니
(K. Polanyi)의 사유방식을 빌리자면 지금은 노동, 세대, 지역,
지구생명체 등 전사회적 보호운동이 시장과 정치를 삶의
뿌리에 다시 접속시키기 위한 운동이다.

이 사회적 보호운동과 결을 같이하기보다는 박근혜 전 대표처럼 이에 맞서 기존 위기의 시스템을 강화하려는 시도는 시대착오적이다.

미래지향적 정당 재편성의 징후들은 산재한다. 무당파 유권자들이 전체 유권자의 과반수를 넘어서거나 안철수 교수에 대한 폭발적 지지 추세는 앞으로도 지속될 것이다. 디지털 내이티브로 상징되는 젊은 유권자층의 가치정향의 새로움과 그 영향력의 이례적 증가도 한동안 계속될 것이다. 지금 부산 등지에서 나타나는 급격한 지역주의 구도 해체나 지구적으로도 기존 경계를 무너뜨리는 소셜 네트워크 혁명을 보라. 심지어 토머스 프리드먼이나 윤여준 같은 합리적 보수의 논객조차 기존 시스템을 해체하는 제3당운동을 주창한다. 극단적인 정당의 주변화를 극복하는 정당 해체와 재구성이 시작된 것이다.

새로운 체제의 정당은 어떻게 진화해 갈 것인가? 시민이 실제적으로 정책수립과 공직선출을 주도하고 활동가와 전문가가 이와 균형 있게 협력하는 시민 주도 연합정당, 전국적이고 다양한 시민들의 작고 큰 목소리에 역동적으로 반응하는 제도와 문화를 가진 정당, 협동조합과 노동일터 등 지역의 삶에 뿌리를 둔 지역연방제형 정당, 20대의 새로운 문화적 감수성에 기반을 두면서도 다양한 세대의 공존과 통합을 주도하는 정당, 세계시민과 함께 새로운 지역적·지구적 평화와 삶의 체제를 만들어가는 지구적 정당으로 진화해 갈 것이다.

내가 새로운 체제를 그저 정당체제라 하지 않고 더 넓게
정치시스템이라 하는 이유는, 21세기에서 정당은 유일한
정치조직이 아니기 때문이다. 시민정치운동과 긴밀한
파트너십을 이루는 것이 새 정치시스템의 핵심이다.

정당은 이 아래로부터의 시민운동을 반영하는 사회운동형
정당이다. 동시에 시민 아젠다를 생산적 갈등과 타협을 통해
제도권에 안착시키는 사회통합형 정당이기도 하다.
이 시민정치조직은 정당이 시민의 바다에 뿌리내리도록
반응성을 강화하고 견제하며 시민정치가를 훈련해
파견한다. 이 시민정치운동은 비정치적인 전통적 시민운동,
시민교육운동, 시민과 전문가가 함께 구성하는 지식생태계
운동과 더불어 시민 주도 시대의 핵심이다.

결국 안철수와 박원순 현상은 그저 무소속 현상이 아니다.
이들은 민주당 외부의 민주당이자 진보정당 외부의
진보정당이다. 동시에 민주당과 진보정당을 넘어 새로운 정당,
시민정치, 지식생태계 디자인의 시작이다.
이들에게만 기대거나 이들의 한계에 절망할 것이 아니라
새로운 정치시스템과 문화를 만들어가는 것이 책임 있는 이의
자세이다. 다음번 박근혜 전 대표의 실수가 궁금해진다.

2011년 10월

세계 최초의 혁신적
시민민주정당

"시민의 재미있고 일상적인 온·오프 커뮤니티의 이야기가 곧
정책과 메시지가 되는 정당!"
역시 매력적이다. 박원순 서울시장의 온라인 취임식 말이다.
그는 선거기간 보여준 오프라인의 따뜻한 경청에서 한발 더
나아가 참여의 문턱을 낮춘 온라인으로 '공감과 동행'의 시정을
시작했다. "시민이 시장이다"는 이제 구호가 아니라 현실이다.
다음엔 무엇이 우리를 설레게 할까?

이젠 "시민이 정당이다"라는 전국적 프로젝트를 깨어 있는
시민들이 시작했으면 한다. 얼마 전, 나는 대구의 시민단체
활동가들에게 특강을 했다. 험난한 조건에서도 빛나는 눈빛을
간직한 채 새 정치의 희망을 묵묵히 실천하는 그들을 보면서
내내 가슴이 아팠다. 박원순·안철수 현상의 빅뱅 속에서도
여전히 후진행태를 반복하며 새로운 희망을 만들지 못하는
이들이 생각났기 때문이다.

왜 이른바 합리적 보수라 하는 이들은 아직도 소수 명사들을
모아 제3당을 추진하면서 그것이 국민의 뜻이라고 강변할까?
왜 이른바 진보라 하는 민주노동당은 아직도 활동가들끼리의

정파 지분 협상에만 눈길이 가 있을까?

진보란 유럽과 미국의 위대한 사회민주주의자 비그포르스(E. Wigforss)나 존 듀이(J. Dewey)처럼 혁신적일 때만 붙일 수 있는 가슴 뛰는 단어이다. 당장 깨어 있는 시민이 주도하는 제도와 문화를 실천하지 않으면서 미래를 말할 수 있을까?

원래 정치란 그런 것이라고? 천만에. 나는 얼마 전 한 워크숍에서 야권정당들의 플랫폼을 추구하는 '혁신과통합'의 새로운 정당모델을 네트워크 정당 등 10가지 테제로 제시한 바 있다. 하지만 난 시민의 삶에서 괴리된 정치엘리트들이 대부분인 한국에서 이를 실천할 수 있을까, 회의를 숨길 수 없었다. 그래도 그후 나는 작은 희망을 보았다. 왜냐하면 '혁신과통합'이 새로이 만들어질 정당 지도부를 지분협상 방식이 아니라 시민 주도적 당직선출 방식으로 할 것을 정했기 때문이다.

더 다행인 것은 아예 새 정당의 모델 디자인 자체를 활동가나 명사가 아니라 시민이 주도하도록 하는 고민의 과정이다. 지난 주말 '혁신과통합'은 시민들의 타운홀 미팅과 온라인 네트워크 토론을 실시간으로 융합한 새 정당의 디자인을 시작했다. 각 토의그룹은 온라인 토론을 통해 도출된 자신들의 논의 결과가 대형 스크린에 모아지면 다시 이것을 보고 최우선의 아젠다를 결정해 나가며 시간 가는 줄을 몰랐다.

'프런티어 존'이란 권호현님을 비롯한 멋진 대학생들의 팀과 김수정 국장 등이 사흘간 밤을 새워 설계한 시스템은, 여균동 감독의 표현에 따르면 신비로웠고 전세계에 수출할

가치가 있었다. 참석한 박재동 화백은 자기들의 정당이
아니라 우리들의 정당이 시작되는 가슴 떨리는 순간이라고
놀라워했다. 문성근 '혁신과통합' 상임대표 등이 오래전부터
꿈꾸고 실천해 온 미래가 현실로 확인되는 순간이었다.

이 토요일의 작은 실험은 앞으로 만들어야 할 큰 정당의
모델하우스였다. 즉 시민 지지자가 주도적으로 참여하고
결정하는 정당, 단순히 여론이 아니라 심의 민주적 공론을
만들어가는 정당, 시민의 재미있고 일상적인 온·오프
커뮤니티의 이야기가 곧 정당의 정책과 메시지가 되는 정당,
비정규직과 청년 등 사회적 약자들의 정당…. 이 정신만
잃어버리지 않는다면 세계에서 최초로 시도되는 21세기형
시민민주정당이 될 수 있다.

이 맹아적 실험이 앞으로 새로운 정당의 디자인으로 얼마만큼
나타나는지 혹은 엘리트들간의 협상과정에서 그들만의 정치로
변질되어 가지는 않는지, 우리는 두 눈 부릅뜨고 지켜보아야
한다. 더 중요한 것은 국내외의 깨어 있는 대한민국 시민,
정보기술(IT) 전문가와 정치활동가 들이 함께 만드는 것이다.
우리가 일상적으로 개입하지 않고 그저 요구하기만 하면 기존
관성과 계파에 매몰된 정치인들은 자신들이 필요하고 이해한
정도만 변화할 것이다. 결국 시민이 정당 디자이너일 때 정치가
바뀐다. 이제 시민이 정당이다.

2011년 11월

2040의 감수성을
사로잡는 법

진보파는 계급적 각성을 외치고 민주공화파는 자유롭고
정의로운 시장질서를 꿈꾼다. 진보파의 선명함과 민주공화파의
넓음을 두루 갖춘 시대가 올까.

요즘 전국의 진보적 기질의 사람들을 만날 때면 피부와 눈빛이
빛나는 것을 느낄 수 있다. 아마 1억 원짜리 피부 마사지보다 더
좋은 박원순과 안철수 효과 때문일 것이다.

그런데 이들의 이야기를 들어보면, 대개 두 가지 다른
흐름으로 나뉘는 것을 느낀다. 하나는 진보파이고 또 하나는
민주공화파이다. 얼핏 보면 비슷한 이야기 같지만 이들의
시대인식의 논리, 메시지, 실천방향과 예상되는 결과는 사뭇
다르다. 또 어떤 이들은 이 두 파의 논리가 적당히 혼재되어
있기도 하다.

진보파는 이제 진보의 시대가 왔다고 확신한다. 그 이유는
보수시대의 시장 만능주의(신자유주의)가 우리를 빈곤의
나락으로 추락시켰기 때문이다. 새로운 진보시대에서
20~30대는 계급적 각성으로 무장한 핵심 주체이다. 따라서

이제 진정으로 진보적 가치의 정치와 정당을 추구해야 한다는
것이다.
이 논리가 그럴듯해 보이면 당신은 진보파이다. 반대로 약간의
심리적 불편함이 있다면 당신은 민주공화파일 가능성이 높다.

민주공화파는 이제 진보의 시대가 아니라 민주공화국의 시대가
왔다고 확신한다. 그것은 단지 시장만능주의만이 아니라
시장과 국가가 특권층의 자의적 지배에 포획되어 우리 삶을
망가뜨렸기 때문이다. 이들은 시장 자체에 대한 거부감보다는
자유롭고 정의로운 시장질서와 이를 위한 정치를 꿈꾼다.

새로운 민주공화국 시대에서 20~30대는 단지 계급적인
세대가 아니라 새로운 감수성의 세대이다. 이는 자유와 협력,
즐거움과 글로벌 시각 등 기존 계급 틀에 포착되지 않는
세대적 감수성이다. 따라서 이제 과거식 진보주의가 아니라
민주공화국의 가치와 정당을 추구해야 한다고 주장한다.
이 논리가 더 그럴듯해 보이면 당신은 민주공화파일
가능성이 높다.

다른 논리구조를 가진 인물이 편지를 쓰게 되면 전혀 다른
느낌의 메시지가 나온다. 그렇다. 안철수의 편지문구들은
진보파의 두뇌구조에서는 절대로 나올 수 없다. 진보파의
시각에서 안철수의 편지는 계급적 힘이 너무 없고 상식 대
비상식이라는 비과학적 프레임을 가진 모호한 메시지이다.
반면 민주공화파의 시각에서 안철수의 편지는 자유와 정의
그리고 시장질서에 대한 상식적 감수성을 기막히게 표현해 낸

예술이다.

실천의 가치와 동력에서도 둘은 다르다. 나는 2002년 미국
무브온(move on)식 시민정치운동을 제안하면서 그 '전제'를
분명히 했다. 나는 그 중요한 전제로서 무브온 운동이라는 것은
합리적 보수도 동참할 수 있는 민주공화국 운동이라고
강조해 왔다.
이를 이해하지 못하는 진보파가 만들어낼 시민정치운동과
진보정파 연합정당은 진보의 선명한, 그러나 협소한 가치와
세력으로 무장되게 마련이다. 반면 민주공화파가 만들어낼
시민정치운동과 공화주의적 정당은 합리적 보수도 동참할 수
있는 넓은, 그러나 모호한 가치와 세력으로 무장된다.

정치활동의 '스타일'에서도 두 진영은 사뭇 다르다. 계급주의적
기질이 강한 진보파에게 스타일은 제품생산 뒤 그저 포장의
문제일 뿐, 큰 관심대상이 아니다. 반면 자유주의적 기질이
강한 민주공화파에게 스타일은 곧 콘텐츠이다. 그들에게 젊은
세대의 가치는 단지 반값 등록금과 같은 진보정책의 문제가
아니라 새로운 감수성 그 자체이다.

서로 다른 두 진영의 논리와 실천은 다른 결과와 문제를 낳을
것이다. 진보파의 협소한 방향은 '시대의 결'에 어긋나는
대중적이지 못한 실천 속에서 결국 선거에서 고립되고 그 이후
위기를 맞을 가능성이 높다.

민주공화파의 넓은 방향은 지혜롭게만 움직인다면 총선과

대선 모두에서 폭발적 승리로 이어질 것이다. 하지만 그 넓은 가치 속에는 선거과정에서 그리고 당선 이후 다양한 이념적 스펙트럼들의 치열한 경쟁이 내포되어 있다. 그 경쟁의 결과 만들어질 민주공화국은 진보 주도의 민주공화국일 수도 있고, 보수 주도의 민주공화국일 수도 있다. 자칫 잘못하면 지금 미국 오바마 대통령의 애매모호한 모습과 위기의 반복이 바로 민주공화파의 미래가 될 수 있다.

앞으로 10년 동안 어떻게 진보파의 선명함과 민주공화파의 넓음이 힘을 모아 더 나은 스펙트럼의 민주공화국을 만들어낼 것인지가 무엇보다 중요하다. 협소한 계급적 진보 혹은 무색무취한 중도 정당과 시민정치운동이 아니라, 힘과 넓음을 두루 갖춘 진보적 민주공화파의 시대를 만들어야 한다. 지금은 그런 정당과 시민정치운동을 만드는 것이 가장 중요한 실천 과제이다.

2011년 12월

청년이 세상을
재구성한다

미국은 영원히 철들지 않는 젊은 피의 나라이다. 스티븐
스필버그나 스티브 잡스를 보면 마치 장난꾸러기 소년들
같다. 이 청년기의 나라는 2008년 밀레니얼(millennial)
세대(1982년부터 2000년 사이에 출생한 사람들)가 자신들의
감수성을 가진 오바마를 대통령으로 뽑았다.

그럼 당시 의회는? 젊은 세대들과의 소통에도 신통치 않았고
여야의 의석도 여전히 나이든 정치엘리트들 위주였다.
작년에 『밀레니얼 모멘텀』이라는 책을 출간한 위노그래드와
헤이스는 10년을 기다려야 이들 세대가 지도부에 진입하는 거
아니냐며 큰 한숨을 쉬고 있다.

그런데 한국은 청년기의 나라도 감히 시도하지 못한 청년의
정치지도부 입성이 특유의 현기증 나는 속도전으로 시도되고
있다. 한나라당의 깜짝쇼인 이준석 비대위원 임명에 이어
민주통합당 청년 비례경선(최고위원 1인 포함한 4명의 비례의원
선출)에 400여 명이나 되는 젊은이들이 응모한 모양이다.
아마추어리즘의 절정을 보여준 민주통합당의 엉성한 시도나
그들에게 인재를 빼앗길까 봐 뒤늦게 안달하며 구애공세를

펼친 통합진보당의 한심함과 대조되는 수백의 젊은이들의 당당한 유투브 출사표는 오늘날 한국정치의 현주소를 잘 보여주고 있다.

나는 오래전부터 모바일 시민경선, 청년 비례경선 등을 통한 네트워크 정당을 제안해 왔다. 다음 과제는 청년들이 재구성할 네트워크 의회와 정부이다. 하지만 기존 여야의 정당들은 거대한 잠재력을 가지고 대전환을 추동하는 청년세대들의 특징과 이들이 가져올 파장에 여전히 무지한 것 같다.

이들 세대는 공적으로 공헌할 열정과 네트워크 무기 및 실용성으로 무장되어 있으며 능동적이고 글로벌하다. 이들을 그저 온·오프 투표의 주역이나 자기들 의회의 들러리로만 생각하면 큰 오산이다.
더 중요한 것은 이들이 대거 여야의 의회 지도부에 직접 진출하고 나아가 이들과 연결된 대통령을 뽑는 것이다.
정치만이 아니라 오늘날 대한민국의 기업, 경제구조, 대학 등은 이들 세대와 양극화의 두 가지 관점에서 급진적으로 재구성되어야만 역동적 미래가 열린다.

물론 청년이라고 필연적으로 청년세대를 잘 대표하는 것은 아니다. 예를 들어 작년 말, 청년들의 미래 일자리를 위해 절실한 협동조합법의 통과는 민주화 세대인 이정희 민주노동당, 손학규 민주당 그리고 김성식 한나라당 의원 등의 공이 컸다. 하지만 기존 세대와 사뭇 다른 새천년의 인류라 할 수 있는 이들은 자신들 사이에서 대표자가 나와 여러 세대

정치인들과 어울려 융합된 결과물을 만들 필요가 있다. 더구나
공감과 동행의 정치에서 부단히 실패해 온 여의도 정치가
아닌가?

다만 안타까운 점은 청년의원들에게는 험난한 미래가
기다리고 있다는 사실이다. 서구 선진 민주국가와 달리
'야자'(야간자율학습)에 시달리는 한국의 이들은 어린 시절부터
정치적 내공을 축적할 기회를 거의 가지지 못한 채 갑자기
의원으로서 어마어마한 권한과 책임을 부여받게 된다.
따라서 의원 경선의 과정과 당선 이후 기간 동안 제공될 체계적
교육 프로그램의 질과 방식이 매우 중요하고 또 선출과정이나
의원 이후의 다양한 전망이 제공되어야 한다. 장기적으로는
결국 교육개조와 분권형 모델로의 빅뱅을 통해 어린 시절부터
자기 삶의 공동체에서 훌륭한 시민정치인의 소양을 축적할 수
있어야 한다.

기존 여야 지도부는 자신들의 진정성을 증명하려면 일회성의
당선 이벤트가 아니라 이들과 서로 배우고 대담하게
문제의식을 수용하며 주요한 역할을 나누어야 한다. 올해
청년들은 소심하게 반쪽짜리 성공에 그친 미국을 넘어 의회와
대통령 및 시민운동의 재구성을 전세계 청년 네트워크와 함께
주도해야 한다.
거인이 서서히 깨어나고 있다.

2012년 1월

박근혜와
정기준 체제

드디어 박근혜 전 한나라당 대표와 정기준 밀본 본원(드라마
〈뿌리 깊은 나무〉의 등장인물)이 오랜 막후정치에서 나와
무대 위로 모습을 드러냈다. 이제 이들의 대담한 도전이
개시되었는데 어두운 앞날을 점치는 것은 너무 예의 없는 게
아닐까, 두렵다.
하지만 나는 박근혜 전 대표라면 무조건 폄하하는 이들과 달리,
2000년부터 언젠가 박근혜의 시대가 올 것을 예고한 『박근혜
현상』까지 공동으로 펴냈다. 단 그녀의 강점인 단단하고
단아하며 단순한(미니멀리즘) 정치는 바로 이 세 가지가 더
뛰어난 이에 의해 무너질 것이라는 단서가 달려 있었다.

그리고 지금 우리는 현실과 방송 드라마에서 '세종 현상'으로
인해 이 '체제'가 무너져 내리는 시작을 보고 있다.
체제라고? 이 표현을 사용한 이유는 특정 개인이나 정당을
협소하게 지칭하는 것이 아니기 때문이다. 더 넓게는 보수와
진보 곳곳에 산재한 박근혜와 정기준의 귀족주의적 통치
패러다임을 말한다.

한국의 진보주의자 중 일부는 자신의 진정한 얼굴이 세종과

정기준 중 어디에 가까운지 깊이 자문해 보았으면 좋겠다. 그런 점에서 얼마 전 이헌재 전 부총리와 최장집 교수께서 아직도 우리 내면에 어른거리는 박정희 체제의 그림자를 넘어 시민의 삶에 기초한 자유주의 가치의 재구성을 강조하신 것은 정말 탁견이 아닐 수 없다.

세종 현상의 의미는 세종과 정기준의 세기의 맞장토론에 압축되어 있다. 이것은 시민 네트워크 국가론 대 귀족주의 국가론의 대결이다.
만약 세종이 환생한다면 아마 페이스북의 주커버그(Zuckerberg)를 영입하여 소셜 네트워크를 기반으로 한 민주공화국의 대통령이 되었을 것이다. 이것은 단지 페이스북이나 트위터를 열심히 한다는 말이 아니라 소셜 네트워크 혁명의 관점에서 정치와 경제 그리고 교육 패러다임의 빅뱅을 주도한다는 것을 말한다.
반면에 정기준이 오늘날 환생한다면 시민 네트워크 혁명에 대한 불안감에 책임총리제나 책임정당 정부와 같은 귀족주의적 대의제와 재벌경제로 역동적 혁신을 저지하려 할 것이다.

다음은 자신이 세종과 정기준 중 누구 편인지를 가늠해 보는 간단한 리트머스 테스트이다.
첫째, 세기의 토론에서 정기준은 자의적 '가카'에 대한 엘리트의 견제를 강조했다. 이에 세종은 코웃음을 치며 자의적 엘리트는 누가 견제하는가를 물어 정기준을 당황하게 했다. 세종은 마치 위대한 시민정치론자 마키아벨리처럼 깨어 있는 시민의 견제력이 정치의 가장 핵심임을 간파한 것이다.

과연 자신은 시민의 견제력을 중심에 두는 보수나 진보인지,
아니면 자기들끼리의 정파정당과 엘리트정치를 만들고 있는지
자문해 보라.

둘째, 정기준은 결국 세종의 분권은 어려운 책임을 나누려는
꼼수가 아닌가 질문한다. 하지만 바로 이 점이 정기준이 낡은
지점이다. 분권을 통한 민주적 소통과 일상적 시민의 집단지성
혁신은 물론 세종이 인정하듯이 부작용도 있지만 위대한
조선과 대한민국의 핵심 동력이다.
과연 자신은 분권 네트워크 정치와 시민경제의 패러다임과
감수성을 가지고 있는지, 아니면 여전히 구름 위의 고고한 자기
생각과 엘리트경제론 중심인지 자문해 보라.

이 방송과 현실 드라마의 결말은 무엇일까? 내가 조선과
대한민국의 정기준이라면 세종체제 형성에 맞서기보다 세종
이후 더 성숙한 공화주의적 군주제(오늘날은 민주공화국)를 위해
일단 세종체제 구성에 힘을 보태겠다. 조선은 결국 이를 만드는
데 실패하고 퇴락해 갔다.

내년과 내후년, 한국의 보수와 진보는 대혼돈의 부작용을
최소화하면서 역동적 민주공화국을 향한 세종체제를 만들
것인지, 아니면 시대착오적으로 정기준 체제로 맞설 것인지를
결단해야 한다.

2011년 12월

야권에 남은 선택,
오바마냐 닉슨이냐

다들 2012년 미국 대선에서는 오바마가 진다고 한다. 이곳
뉴욕의 길에서 만난 택시기사나 저명한 석학이나 모두
그렇게들 말한다. 글쎄 난 역술인이 아니라서 잘 모르겠다.
하지만 한 가지 분명한 것은 내년 대선의 승자는 오바마 아니면
닉슨이라는 점이다.
닉슨은 이미 돌아가신 전직 대통령이 아닌가?
난 지금 미국이 아니라 한국 대선을 말하고 있다.

이미 4·27 재보선을 통해 본격 시작된 한국 대선에서 야권이
선택할 길은 닉슨과 오바마의 경로 두 가지라는 말이다. 물론 그
전에 총선이 있다. 하지만 이미 민심이 돌이킬 수 없는 분기점을
지난 총선은 집권진영에게 재앙이 될 것이다. 지난 재보선은
운명의 신이 살짝 예고편을 보여준 것에 불과하다. 야권이
자만과 분열의 극심한 어리석음만 범하지 않는다면 총선은
이미 지나간 미래이다.

문제는 대선이다. 총선에서 야권이 이기면 대선에서도
집권진영이 무너질 것이라고 민주당 일각에서는 이야기하지만,
난 여전히 두렵다. 야권 세력들의 지혜와 감수성, 실천력의

수준을 잘 알기 때문이다. 만약 자신들만의 아젠다와 감수성에
여전히 사로잡혀 공감과 동행의 정치에 실패한다면 닉슨의
길도 가능성이 있는 시나리오라고 생각한다.

닉슨의 길이란, 이를테면 '촛불시위'와 '대통령 서거 정국'을
거치면서도 야권이 닉슨에게 패배했던 것을 말한다. 그것도
1968년과 1972년 두 번이나 말이다.
전자는 시민정치운동의 고양 그리고 케네디 형제와 마틴 루서
킹 목사의 비극적인 서거에도 불구하고, 야권의 극심한 분열과
험프리 후보의 미적지근한 태도 등의 문제로 닉슨에게 아깝게
패배한 선거였다. 후자는 분열을 엉성하게 봉합한 가운데
지나치게 좌선회한 후보 맥거번의 문제로 미국 역대 대선
사상 최악의 선거인단 격차로 참패한 선거였다. 반면에 닉슨은
과거의 '꼴통보수' 이미지를 벗고 인자한 보수주의 노선으로
민주당 정책을 부분수용하면서 두 번 다 승리했다.

오바마의 길이란, 시민정치운동의 활성화에 힘입어 야권의
단결로 매케인에게 승리한 것을 말한다.
야권은 오바마와 힐러리의 격렬한 당내경선 대결에도 불구하고
단일한 무대에서 공정한 대결을 펼치고 이후 단결의 정신을
잃지 않았다. 특히 노동자후보 에드워즈는 단일 무대에서의
멋진 승부와 진보노선으로 야권 승리의 밑거름이 되었다.
단일 후보가 된 오바마는 험프리처럼 미적지근하지도,
맥거번처럼 지나치게 좌파적이지도 않았다. 중도는 그가
온건해서, 진보는 그가 진보적이라서 열광적으로 지지했다.
이런 단결된 매력적인 강적 앞에서는 아무리 닉슨만큼

개혁적인 보수 후보이던 매케인도 침몰할 수밖에 없었다.
물론 결국엔 중도주의자였던 오바마는 집권 뒤 못마땅한
점이 한두 가지가 아니다. 하지만 미국 역사상 최대의
경제위기 속에서도 경제에 무지해 공화당 장관들조차 혀를
차게 한 매케인이 집권했을 것을 생각하면 모골이 송연하다.
그러하기에 미국의 좌파 석학인 월러스틴조차 오바마에 대한
일말의 환상도 가지지 않았으면서도 그를 지지했다.

결국 닉슨과 오바마의 길이 시사하는 점은 간단하다.
시민정치운동의 고양, 단일한 야권무대에서의 멋진 승부,
역동적 과정 속에서 '중도 대 진보'의 이분법을 벗어난 매력적인
후보의 탄생이라는 삼박자가 바로 오바마의 길이다. 그중
어느 하나의 축이 빠져도 야권은 총선전투에서만 승리하고
대선전쟁에서는 패배할 것이다.

대선에서 인자한 보수주의와 온건 대북 노선에 패배한다면,
한국의 야권으로서는 더 암울한 닉슨의 길을 맞이하게 될
것이다. 미국의 경우 그건 국내노선에서는 진보적인 고
에드워드 케네디 의원조차 경이롭게 생각한 닉슨의 복지
아젠다 선취의 길이다. 국제노선에서는 중국만 보면 경기를
일으키는 꼴통보수들을 경악하게 한 평화번영 노선의 길이다.
한국의 경우에 그건 복지국가의 길과 한반도 지각변동 속에서
평화노선의 길이며, 그 과정에서 야권은 좌충우돌할 것이다.

2011년 4월

선거에 대한
세 가지 오해

금요일 저녁에 방영되는 〈부부 클리닉〉은 언제 보아도 재미가
있다. 다른 부부들의 애환을 지켜보는 관음증의 재미도
쏠쏠하고 다들 힘들게 사는 것으로부터 역설적으로 위로도
받기 때문일 것이다. 하지만 이 프로그램을 보다가 어김없이
채널을 돌리는 때가 있다. 바로 모의 이혼법정에서 조언과
판결을 내리는 시간이다.
이 프로그램에서 가장 중요한 부분인데 왜 나는 이 시간이
그토록 마음에 들지 않을까? 아마 그 이유는 "서로 조금씩
이해하라"는 전문가들의 반복되는 조언이 때로는 구체적이고
복잡한 현실에서 너무도 공허하게 들릴 때가 많기 때문이다.

갑자기 〈부부클리닉〉 이야기를 하는 이유는 때로는 미디어
매체에서 나와 같은 정치학자들이나 평론가들의 클리닉이
매우 공허할 뿐 아니라 재미있는 선거의 맛을 잃어버리게 할
때가 많기 때문이다. 만약 구체적 현실과 진단이 마치 예능
프로그램에 처음 출연한 어색한 전문가의 모습처럼 서로
어울리지 못하고 병렬적으로 진행되는 과정이라면 그건 어딘가
문제가 있음을 말한다. 그런 점에서 대한민국의 숨겨진 정치
전문가들인 택시기사분들을 과거 열광시켰던 홍사덕 전 의원의

라디오 시사 프로그램 같은 고전들이 요즘은 더 그리워진다.

2002년 대선부터 지금에 이르기까지 흡사 낡은 레코드판처럼 지겹게 반복되는 클리닉의 사례는 많지만, 일단 세 가지가 특히 지적될 수 있을 것이다.

첫째는, 네거티브 없는 선거를 하자는 진단이다. 만약 그 취지가 흑색선전을 뿌리 뽑자는 것이라면 이해할 만하다. 하지만 이는 보다 정확하게 표현될 필요가 있다. 네거티브라는 부정확한 말은 선거에서 가장 중요한 기능인 치열한 상호 비판 및 검증의 순기능과 재미마저 반감시킬 소지가 크다.

원래 정치학에서 네거티브 캠페인이란 상대를 비판하는 것을 말하고, 반대로 포지티브란 상대에 대한 비판 없이 자신의 주장을 제시하는 것이다. 학문적으로는 포지티브라고 해서 굳이 더 바람직한 것은 아니다. 극단적 예이지만 허위 학력기재, 터무니없이 부풀려진 공약 등 상대의 문제를 비판하지 않고도 더 유해하게 선거운동을 할 수 있는 포지티브 캠페인은 무수히 많다. 그런 점에서 앞으로 미디어 차원에서 네거티브, 포지티브, 흑색선전, 상대에 대한 비판 등에 관해 엄밀한 용어정리, 구체적 기준들이 필요할 것 같다.

둘째로는, 각 후보의 비전을 나타내는 공약 검증에 대한 필요 이상의 과도한 환상이다. 물론 미국정치를 전공하는 입장에서 나는 미국처럼 대한민국의 선거도 각 후보의 재원조달 방식을 단돈 1원에 이르기까지 더 매섭게 검증할 수 있기를 기대한다.

하지만 유감스럽게도 아직 한국의 선거 현실은 미래의 가치나
공약 검증보다 각각의 후보가 그 가치와 공약과 일치하는
정책경력이나 삶을 살아왔는가를 더 파고들 필요가 있다.
그건 과거 김영삼, 김대중, 노무현 대통령후보들이 선거기간에
내어놓은 탁월한 정책공약집만 다시 들춰보더라도 단박에 눈치
챌 수 있는 '불편한 진실'이다.

어쩌면 〈부부클리닉〉에서 때로는 전문가들을 예리하게 꾸짖는
현실 부부들의 현실감처럼, 씁쓸하게도 대한민국의 유권자들은
이미 각 후보의 미래공약에 큰 기대를 걸고 있지 않고 별반
재미도 못 느끼고 있을지 모른다. 가치나 공약과 그에 조응하는
일관된 삶의 궤적을 동시에 균형감 있게 검증할 때 선거
클리닉은 더 유익하고 더 재미있을 것이다.

마지막으로, 이미지 선거에 대한 전문가들의 극단적
거부감이다. 물론 번드르르한 겉포장 기술, 환상과 진짜를
혼동시키는 과도한 기대가 갈수록 발달해 가는 현대사회의
위험성은 미국의 저명한 보수주의 지성, 다니엘
부어스틴(Daniel J. Boorstin)이 지적하듯이 특별한 주의가
필요하다.
하지만 세계화, 인터넷 등에 대한 찬반논쟁이 그러하듯이
우리는 객관적 추세를 공허한 도덕적 훈계로 대체할 수는 없다.

이미지를 나타내는 브랜드와 상품의 콘텐츠가 구별할 수 없이
융합된 21세기 현실은 기업, 건축, 음식에 이어 정치에서도
도도히 관철되고 있다. 심지어 이미지 디자인을 먼저 만들고,

거기에 맞는 콘텐츠를 나중에 고민하자고까지 말한 대한민국
최고의 디자이너 김영세 대표의 제안은 정치에서도
진실일 수 있다.
문제의 핵심은 이미지냐 정책 콘텐츠냐 하는 잘못된 이분법이
아니라 이 두 가지가 얼마나 미학적으로 잘 녹아 있는가 하는
점에 대한 치열한 검증일 것이다.

〈부부 클리닉〉은 때로는 지나치게 선정주의로 흐르는 흠도
보이지만 기본적으로는 유익하고 동시에 재미있기도 하다.
단 프로그램 막바지 클리닉이 전문성을 유지하면서도 재미를
반감시키지만 않는다면 말이다. 마찬가지로 대선 클리닉에서
학자들과 지식인들은 이제 현실에 뿌리내린 전문성과 재미를
고민할 때인 것 같다. 홍사덕 전 의원의 〈시사 클리닉〉이 다시금
그리워진다.

2007년 10월

존 리우 뉴욕감사원장의
대담한 도전이 주는 교훈

과거 뉴욕 유학시절 절실히 느낀 것은 뉴욕이야말로 미국
공부에 가장 적합한 도시 중 하나라는 것이다. 왜냐하면 전세계
각 분야 최고 고수들이 자신을 증명하기 위해 반드시 들르는
곳이기 때문이다. 정치도 예외가 아니라서 뉴욕은 스타급
정치거물들의 인상적인 행사들로 빼곡하다. 하지만 유학 7년
동안 나에게 가장 강렬한 인상을 남긴 정치인은 힐러리나
줄리아니가 아니라 현 뉴욕 감사원장인 존 리우였다.

나의 자랑스러운 친구인 존 리우는 아직 한국에서는 널리
알려진 존재가 아니다. 하지만 뉴욕에서 그는 이미 모두가 그
미래를 주목하는 스타이다. 얼마 전 뉴욕 방문길에 만나본 그곳
정치인들은 하나같이 입을 모아 존 리우를 차기 뉴욕시장의
유력한 후보로 거론하고 있었다.

세상에, 2002년 내가 머물던 당시만 해도 그는 풋내기 뉴욕
시의원에 불과했는데…. 더구나 그의 약진은, 뉴욕에서 주류
백인들에 비해 유권자들의 정치력도 낮은 아시아계 출신이라는
점에서 더 놀랍다. 다소 극단적인 예이지만 내가 유학하던
시절에 한국계로 뉴욕 시의원 후보에 나왔던 이는 아직도

시의원 선거에 도전하고 있는 것이 현실이다.

유학 시절 존 리우가 가장 인상적이었던 것은 이미 시의원 후보로 나왔을 때부터 놀라운 리더십과 식견을 가지고 있었기 때문이다. 당시 미국정치를 현장에서 익히려고 자원봉사를 했던 나는 오만하게도 그에게 정치를 한 수 가르치려 했다. 나름대로 한국의 중앙정치에 대해 식견을 갖추고 있다고 자화자찬하던 처지였던지라, 일개 뉴욕 시의원 정치는 시시했던 것이다.

하지만 나의 이런 어리석음을 깨닫는 데 오랜 시간이 걸리지 않았다. 선거운동을 하는 동안 내부토론을 하면서 존 리우의 리더십에 수없이 감탄을 거듭하곤 했다.

이렇듯 풀뿌리에서부터 오랜 단련을 받아온 미국 정치인들은 의원에 당선될 즈음에는 이미 엄청난 내공의 소유자가 된다. 고3 때 '자율학습'에 올인 하는 학생과 그때부터 이미 선거운동의 달인이 되어가는 학생은 출발선 자체가 다르다. 만약 한국도 어린 시절부터 시민교육과 정치참여가 활성화되어 있다면 매우 실험적인 청년비례 의원 시도도 훨씬 더 성숙하고 능력 있는 도전의 드라마를 만들어낼 수 있을 것이다.

2008년 미국 대통령선거 초반기 한때, 한국에서는 오바마를 풋내기 상원의원 출신에 불과하다고 무시했지만 그는 지금 백악관 수장으로서 비교적 안정된 리더십을 보여주고 있다. 왜냐하면 대학시절부터 주·상원의원에 이르기까지 수많은 크고 작은 태풍이며 바람과 싸워 단련된 노련한 선원이기 때문이다.

존 리우의 놀라운 성장을 지켜보는 나의 마음은 한편으로 다소 착잡하기도 했다. 왜냐하면 그와 대화를 나눌수록 자꾸만 한국에서 알던 '대선후보급' 정치인들의 역량과 비교가 되었기 때문이다. 한국의 많은 명사들은 자신들이 탁월한 리더라는 착각 속에서 정치에 진입해서 곧 망가지곤 한다. 이들은 흔히 민심의 바람이 만든 효과가 수그러들면 냉정하게 밑천이 드러나게 된다.

하지만 이제 한국정치에도 서서히 존 리우가 생겨나고 있다. 지난 지방선거는 민주주의 학교이자 정치학교로서 의미 있는 한국정치의 전환기로 주목해야 한다. 여의도 정치와 서울 왕국만이 정치적 성장의 공간이 아님을 많은 정치지망생들이 재발견하였기 때문이다. 심지어 어떤 이는 대통령 비서실장에서 지방 시의원으로 '하방'하기도 하였는데 앞으로 유익한 실험으로 결말을 맺을지 흥미롭다.

다가올 총선, 대선에서는 이번 지방선거의 경향이 더욱 강해지고 또 이러한 풀뿌리 차원의 단련을 거친 이들과 그렇지 못한 이들 간의 역량 차이가 분명히 드러날 것이다. 더구나 21세기 유권자들의 정치에 관한 어마어마한 정보량과 참여욕구는 풀뿌리 현장에서 단련되지 않은 사람들이 견딜 수 없게 검증의 기준을 높일 것이다.
이제 정치인들과 학자들은 이러한 변화를 더욱 바람직하게 가속화하기 위한 교육, 선거, 지방자치 제도 혁신의 본격적 움직임을 시작해야 한다.

2010년 7월

안철수 현상과
2012년 정국 전망*

지난해 교수님을 비롯한 김헌태, 김종욱 교수 등 5명의
공저 『박근혜 현상』이 출간된 지 1년 만에 '박근혜 대세론'이 '안철수
현상'에 의해 무너지고 있다. 이에 대해 진단한다면?

사실 『박근혜 현상』을 내기 한참 전인 2000년부터, 한국에서
최초로 박근혜의 시대가 올 것이라고 주장해 비판을 받았다.
당시 적지 않은 정치평론가들은 박근혜 전 대표를 내용 없는
수첩공주라 부르며 쉽게 무너질 것처럼 착각하였다. 특히
진보적 이념을 가진 이들은 자신들이 원하는 대로 박근혜 전
대표를 보려고 하는 경향이 강하다. 즉 그저 독재자의 딸로서
내용이 없기에 쉽게 무너져야 한다는 자신들의 욕망이나
바람을 객관적 현실 분석과 뒤섞어버리는 것이다. 한국에는
이러한 경향이 매우 팽배해 있다.

반면에 나는 규범적 판단과 객관적 추세에 대한 실사구시적
분석을 항상 구분한다. 나는 당시 박근혜 전 대표가 단지
수첩공주라고만 불릴 수 없는 내공을 가지고 있다고 보았으며,

---

* 이 글은 『폴리뉴스』 김능구 대표의 필자와의 인터뷰를 게재한 『폴리 피플』(2011년 12월호) 기획
  기사를 수정 보완하였다. -편집자 주

특히 시대의 결이 박근혜식 진정성의 정치를 요구하는 시대가
올 것이라고 보았다. 진정성의 정치란 사익이나 협소한 정치적
이익이 아니라 국가나 가치에 대한 진실성, 헌신성을 자신의
브랜드로 가지고 있는 정치를 말한다. 이 주장은 박근혜에게
실제 진정성이 있느냐 없느냐가 중요한 게 아니라 시민들이
그녀를 그런 견지에서 바라본다는 것이 『박근혜 현상』의
핵심 주장이다.

정치에서 대중들의 인식이 전부(perception is everything)라는
말을 기억할 필요가 있다. 결국 사익과 '여의도 정치계급'의
시대로 집약되는 MB시대를 지나 진정성의 정치 시대가 온
것이다.

또한 박 전 대표가 가진 세 가지 스타일을 한 시인의 시를 빌려
비유하면, 단단하고 단순하고 단아하다. 박 전 대표의 '3단'의
특질을 요구하는 시대가 언젠가 올 것이라고 예고한 것이다.
한동안 박 전 대표는 이 시대의 결에 따라 사실상 정국을 지배해
왔다. 그런데 이 '3단'에서 더 뛰어난 인물이 나왔기 때문에
'박근혜 대세론'은 무너질 수밖에 없다.

안철수 교수는 자신 삶의 영역에서 단단하게 공적 실천을
해왔음을 보여줬다. 단순한 기업적 실천이 아닌 사회적
활동으로 박 전 대표보다 공적 정치가로서 훨씬 더 성과를
남겼다. 또한 박 전 대표의 메시지 스타일을 나는
하이쿠(俳句)의 정치라고 표현하는데, 이보다 더 탁월한
하이쿠가 안 교수의 박원순 지지 편지와 재산기부 이메일이다.

한마디로 내용이 아주 짧으면서도 내공이 고스란히 녹아들어
있는 최고의 미니멀리즘이다.
『박근혜 현상』에서 김헌태 소장이 지적하고 있듯이, 박근혜
전 대표는 비련의 공주 같은 이미지를 지닌 단아한 인물이다.
안 교수 스타일도 참 단아하다. 차이가 있다면 박 전 대표의
단아함은 과거시대의 복고풍인 데 반해, 안 교수의 단아함은
20~30대 스타일에 딱 맞는 '간지 나는 단아함'이다. 그런
점에서 박 전 대표는 자신의 '3단'보다 더 탁월한 '3단'을 갖고
있는 사람 앞에서 무너질 수밖에 없다.

**'안철수 현상' 이후 '87년체제'가 무너지고 있다, 극복을 위해서는 새로운
정당체제로 거듭나야 한다는 요구가 일고 있는데, 이에 대해서는 어떻게
보고 있나?**

나도 '87년체제'가 무너진다는 테제를 가장 먼저 말한 사람
중 하나다. 지역주의와 자신들의 아젠다에 기초한 정치체제가
바로 87년체제이다. 보수든 진보든 시민들과의 공감과
동행의 훈련이 안되어 있는 정당들이 자의적 아젠다에 기초해
정치를 끌어가는 '87년체제'는 무너지고 새 체제로의 이행이
시작됐다고 주장해 왔다. '안철수 현상'은 그 이행기의 강한
첫 징후라고 본다. 정치학 용어로 표현하면 정당체제의
재편성이다.

서구의 저명한 정치학자 러셀 달턴(Russell Dalton)은 한국이든
유럽이든 현재 선진 민주국가의 정당체제는 해체되고 있다는
이른바 카오스론(dealigment)을 펴고 있다. 다시 말해 기존

정당에 대한 반감과 그에 따른 무당파의 증가로 정치적 관심이 낮아지고, 이슈가 복합적으로 등장하여 정당체제가 영구적으로 불확실하게 유동한다는 것이다.

그러나 나는 이 카오스론에 동의하지 않는다. 표피적으로 보면 카오스처럼 보이지만, 나는 달턴의 일반론적인 분석과 달리 현재의 혼란은 새로운 정치체제로의 재편성을 위한 과도기라고 본다. 이행기는 혼란스럽게 보이지만 그 혼돈 속에서도 일정한 방향성을 보여주고 있다.

예를 들어 보수나 진보 모두 시민들과의 공감과 동행을 보다 강화하거나 견제와 균형 등 자유주의 가치로의 진화 등 일정한 방향성을 보이고 있다. 이것은 한국사회가 저 아래 심층에서부터 경제, 정치, 문화 모든 측면에서 박정희체제 때부터 이어져 오던 천민 자본주의 틀이 무너지고 보다 자유주의 체제로의 이행이 본격화되고 있는 데서 비롯된다.

이 같은 방향성을 인식하지 못하고 이를 그저 정치의 유동성, 카오스라고 보는 것은 깊이가 없고 실천적으로도 유익하지 않은 분석이 아닐 수 없다.

최근 선거에서 '87년체제'의 주 특징인 지역성은 상당히 둔화되고 세대성이 부각되고 있는데, 이에 동의하는가?

나도 같은 생각이다. 나는 세대와 계급의 문제가 함께 중첩되어 있다는 것은 맞지만 일각에서 말하는, 세대는 곧 계급문제라고 보는 것은 현재의 새로운 체제를 이해하지 못하는 잘못된 해석이라고 본다.

나는 바야흐로 새로운 시대의 결에 대한 감수성을 담은 세대가 중요한 특성이고 여기에 계급문제가 부차적으로 결합돼 있다는 가설을 제시하고 있다. 여기서 세대란 단지 나이의 많고 젊음이나 인구학적 트렌드만을 말하는 것이 아니라 박정희체제를 근본적으로 바꾸고자 하는 새로운 시대의 전반적 감수성이 세대를 통해 집약적으로 표출된다는 것이다. 다시 말해 세대란 정치, 경제, 문화 등에서 새로이 부상하는 패러다임의 압축적 아이콘이다. 인구학이나 계급론을 더 넓게 포괄하는 새로운 시대의 결이 문제의 핵심인 것이다.

물론 계급 측면이 부각되는 것은 분명한 사실이다. 20대 저소득층이든 20대 화이트칼라든 전반적으로 20대에게는 시장 만능주의 속에서 자신의 미래가 보이지 않는 현실에 대한 분노가 있다. 한국은 이른바 시장 만능주의 국가라고 비판받는 미국이 놀랄 정도로 비정규직 비율 등 전반에서 시장의 전횡이 두드러지는 나라이고, 과거의 코리안 드림이 사라지고 있다. 이런 점에서 이들의 분노는 계급적 성격을 띠고 있다.

그러나 이를 협소한 의미의 계급으로만 보기가 어려운 것이, 20~30대 화이트칼라들이 반드시 자신의 계급적 이해만 추구한다기보다는 사회 전반적 정의의 문제도 제기하고 있다는 점이다. 마이크 샌델이 말했듯이 사회 전체가 정의로웠으면 좋겠다는 요구는 꼭 옛날 의미의 계급으로 보기는 어렵다.

사회 전반에 대한 요구, 특권층에 대한 비판이 반드시 계급적 요구와 일치하는 것은 아니다. 가령 지난 16대 대선에서 권영길 후보가 "노동자 세상을 만들겠다"고 한 것은 계급적 요구지만, 노무현 후보가 "특권층 없는 세상을 만들겠다"고 말한 것은 꼭 계급적이라고 할 수 없다.

이에 계급을 과도하게 해석하면 위험한 실천적 결론이 나온다. 20대에게는 사회 전체를 정의롭게 만들고자 하는 요구가 있다.

또한 20~30대는 경제적으로 정의로운 세상만을 요구하지도 않는다. 자유로운 문화적 감수성도 요구하고 있다는 것이 중요하다. 계급의 프레임으로만 보는 사람은 20대가 요구하는 핵심이 반값등록금이라고 생각하지만, 또 어떤 때는 20대가 연예인 탄압 등을 훨씬 민감한 이슈로 제기하기도 하는데 과거의 계급주의 프레임만을 가진 분석가들은 이를 놓치곤 한다.

이런 점에서 자유에 대한 감수성 측면과 고단한 삶에 대한 욕구 이 두 측면을 함께 바라봐야 한다. 이를 합쳐서 자유롭고 동등한 삶에 대한 꿈, 즉 민주공화국(라틴어에서 '모든 이들의 것'이라는 어원을 가졌다)에 대한 열망을 종합적으로 보아야 한다. 단지 신자유주의 프레임이나 계급의 프레임만으로 국한해서 본다면 정치에 대한 이들의 폭발적 요구를 반만 보게 되는 것으로, 위험한 발상이라고 생각한다.

정당을 집권을 목표로 이념과 가치를 노선으로 정립해 뜻을 함께해 가는

집단이라 정의한다면, 현재 이 부분이 복잡다기하다. 국민의 60% 이상을 차지하는 젊은 세대를 안아 집권할 수 있을 것인지에 대해 어떤 당도 해답을 찾지 못하고 있다. 이들이 요구하는 새로운 정당정치 체제는 과연 어떤 모습을 갖춰야 한다고 보는가?

두 가지로 첫째 어떤 가치를 지향하느냐, 둘째 그 가치를 담아내는 전혀 새로운 차원의 정당모델인가 하는 점이다.

첫번째 가치의 측면에서, 기존 정치평론가들 중에는 안철수 교수의 '상식 대 비상식' 프레임에 대해 별로 과학적이지 못하다고 말하는 이들이 있다. 그러나 나는 반대로 새롭게 요구되는 정당의 성격과 가치를 이해 못하는 사람들이 그렇게 이야기한다고 본다.

예를 들어 과거 무상급식이 맨 처음 제기되었을 때, 나는 민주당 사람들에게 특강을 하면서 이것은 급진적 투쟁을 해서라도 관철시켜야 한다고 제안했다. 왜냐하면 이것은 거창한 이념을 떠나서 어린아이들은 점심값 때문에 피눈물을 흘려서는 안 된다는 시민들의 상식적 판단에 기초한 투쟁이기 때문이다. 하지만 당시 민주당은 무상급식을 보편적 복지 등 이념적 프리즘으로 판단하면서 적극적인 동참을 겁내하였다. 그러나 김상곤 교육감과 진보정당 등의 탁월하고 헌신적인 노력으로 이제 무상급식은 시민들의 상식이 되었다.

오늘날 한국사회 보수와 진보 정치엘리트들에게 매우 부족한 감수성이 바로 이 상식 대 비상식의 시각이다. 왜냐하면

상상력과 실천이 시민의 삶 속에서 나오는 것이 아니라
여의도의 틀 속에 갇혀 있기 때문이다. 가장 극명한 예가 바로
이 무상급식 실시 여부를 자기 이념의 절대적 원칙으로 해석한
오세훈 전 시장의 어리석음이다.

이제 시민의 상식과 삶을 지혜로운 가치와 아젠다로
전환시키는 시민정치가들이 전면적으로 등장하는 시대를
만들어야 한다. 예컨대 시장 대 국가, 중앙정부 대 지방정부,
기업 대 시민사회, 정당 대 시민정치 등 모든 것을 고정된
이분법으로 바라보는 프레임을 가진 정당은 집권할 수가 없다.
건전하고 건강한 삶에 바탕을 둔 시민들의 상식이라는 가치를
받아들인다면 어마어마한 파괴력을 가지게 될 것이다.

학문적으로 표현하면, 『대전환』이라는 걸작을 남긴 칼
폴라니(Karl Polanyi)의 위대한 문제의식을 반영하여
시민공동체가 시장과 국가, 정당들을 통제하는 관점의 가치가
앞으로 집권하는 정당의 21세기 핵심 비전이라고 본다. 시민이
통제한다는 것은 국가 중심의 복지나 분배, 기업주의적 방식을
다 거부하는 것이다. 여기에 핵심적 가치가 있다. 적어도 앞으로
10년은 시장 만능주의의 프리드만이나 국가 분배주의의 속류
마르크스의 시대가 아닐 것이다. 앞으로의 문명은 시민적 삶에
기초한 시장과 국가를 만들고자 한 칼 폴라니의 시대가 될
것이다.

그런 점에서 문재인이나 안철수, 박원순은 본능적으로
기존과는 다른 이와 같은 방식의 가치를 이미 체현하고 있다.

이들이 주로 사용하는 단어와 2008년 당시 오바마 후보가 썼던 단어가 비슷하다. 예컨대 네 사람 모두 공통적으로 'common sense'(상식)나 '우리' '시민' '삶' 등의 표현을 가장 많이 쓴다. 네 사람은 물론 다양한 이념적 스펙트럼과 전혀 다른 삶의 배경을 가졌지만 특이하게도 실사구시적이고 상식적 판단에 뛰어나다는 공통점을 지녔다.

이들 모두 어떤 특정 이념으로 재단할 수 없는 사람들이다. 2008년 당시 미국시민들 중 보수적 경향이 있는 사람들은 오바마를 합리적 보수라 간주하여서 지지했고, 진보는 진보라고 보아서 지지했다. 지금 안철수 교수에게 환호하는 사람들 역시 안 교수가 합리적 보수여서 지지하고 혹은 진보적 가치를 담고 있기 때문에 지지하는 것이다. 그리고 문재인과 박원순에 대한 합리적 보수주의자들의 평가가 나쁘지 않은 것은 이들이 거친 이념에 기초한 인물이 아니기 때문이다. 여기서 거친 이념이라 말한 것은 이념 자체가 잘못된 것이 아니기 때문이다.

정치에서 언제나 존재할 수밖에 없는 이념을 인위적으로 제거하려는 탈정치론의 시각은 틀렸고 위험하다. 하지만 현실의 변화에 조응하지 못하는 낡고 거친 교과서의 이념은 더 위험하다.

새로운 정당모델의 핵심을 설명하자면, 박원순 시장이 선거유세 과정에서 참 멋진 표현들을 썼다. 그중 "공감과 동행의 캠페인"이라는 표현이 있다. 나는 이 표현이 21세기 정당모델의 핵심을 잘 보여주고 있다고 생각한다.

서구 선진 민주국가와 비교하는 견지에서만 보면, 한국은
아직까지 근대적 정당도 거치지 못했다. 시민이 생각하는
것을 아젠다로 만들어 실천으로 옮기는 정당을 근대적
정당이라 하며 이는 근대 대의민주주의 시기에 이미 거쳤어야
하는 것이다. 그러나 한국의 정당들은 시민이 무엇을
생각하는지부터 들여다보지 않고 자신의 이념과 어젠다를 먼저
생각한다. 이런 점에서 지금까지의 정당들은 '공감'을 구현해
내지 못하고 있다.

그리고 '동행'은 시민이 주도적으로 참여하는 가운데 정당의
정책과 당직선출 등이 이루어져야 한다는 것을 의미한다.
그러나 한국의 어느 정당도 이를 하고 있지 않다. 이와 관련해
얼마 전 나는 '네트워크형 정당' 10가지 테제를 제시한 바 있다.
요컨대 시민과 제도권정치의 교차로에서 네트워크를 이뤄내는
정당이 21세기 정당모델이다.

다시 말하자면 시민이 공직과 당직을 선출하고 정책을
집단적으로 함께 만들어가는 시스템이 가능한 모델 10가지를
제시한 것이다. 사실 2002년 내가 미국에서 유학하던 시절에
전세계에서 최초로 리눅스적 정치의 시대라는 말을 사용한 바
있다. 당시 나는 집단지성이 구성하는 정치의 시대가 올
것이라고 『마이크로소프틱스』라는 책에서 한 장(章)을
할애하면서까지 강조하여 예고하였는데 그때의 한국인들은
이를 잘 이해하지 못했다.

이 리눅스 정치를 지난번 선거과정에서 박원순 서울시장이
약간 보여주긴 했지만 아직 본격적으로 구현하지는
못했다. 얼마 전 새로 나온 책 『매크로 위키노믹스』(*Macro
Wikinomics*)에서 돈 탭스코트(Don Tapscott)는 이제 집단지성의
패러다임은 모든 사회에 전방위적으로 나타나고 있다고
강조한다. 탭스코트가 말하는 위키노믹스가 바로 내가 오래전
언급한 리눅스적 패러다임의 다른 말이다.

이제는 더 이상 리눅스의 정치를 구현하지 못하는 정당은
시대를 선도할 수 없다. 앞으로 정당모델은 시민의 위대한
집단지성에 기초해 모든 정책과 메시지가 이루어지는 정당이
되어야 한다. 박원순 시장 선거캠페인 과정에서 시민들이
보여준 위대한 집단협업은 캠페인 내부의 논의보다도 더
뛰어났다. 리눅스적 정치를 맹아적으로 보여준 것이다.

**현실정치에서 민주당이 의연한 모습을 유지하려 하지만 지난 서울시장
야권 단일후보 경선에서 패하고, 현재 야권통합 과정에서 끌려다니는
모습을 보이고 있다. 이러한 배경은 어디에서 시작됐다고 보는가?**

과거 '87년체제'의 틀 속에 갇혀 근대적 공감의 정치에
한계를 가졌기 때문이다. 시민들은 진화돼 나가는데 여의도
활동가들만의 아젠다, 국회의원들만의 사고에 국한되어
있다 보니, 둘 사이에 커다란 미스매치가 생겼던 것이 문제의
핵심이다. 직접민주주의를 수렴해 내지 못한 것은 오히려
부차적 문제가 아닌가 생각한다.

근대적 정당 단계에 아직 도달하지 못한 것이 우선적으로 지적되어야 하는데, 과거에는 그래도 안정된 지역주의 체제로 문제가 되지 않았지만 지금은 집단지성들이 정치를 리모트컨트롤 하는 세상이다. 이들과 공감하고 이들의 욕망과 가치를 정책에 반영하지 못하면 반감을 사는 세상이라, 괴리가 극단적으로 나타난 것이다. 결국 민주당은 물론이고 기존의 모든 정당들이 시민의 삶으로부터 이탈한 정당의 모습을 보여주고 있기 때문에 주변화되었다.

민주당은 오래전에 얼마든지 21세기에 맞게 큰 지혜를 가진 정당, 가장 오래된 정당으로서 진취적으로 바뀔 수 있었는데 그 기회를 놓쳐버렸다.

(언제 놓쳤다고 보는 것인가?) 이명박 정부가 들어서고 시민의 분노감이 크게 일던 시기가 민주당의 대혁신의 기회였는데, 반사이익에 안주했던 것 아닌가 생각한다. 그런 점에서 안타깝다.

현재 새로운 야권정당이 어느 정도 가닥이 잡혀가고 있는데, 이들 구성체가 근대민주주의 문제를 극복하고 완전한 직접민주주의로의 변신까지도 가능하리라고 보는가?

현재로서는 반반이다. 내가 '네트워크 정당' 10가지 테제를 제시했는데, 다행히 '혁신과통합' 상임대표단이 지분협상식 정당건설 방식을 배제했다. 시민지지자들이 정당대표를 선출하는 방식을 반영했다. 이는 아직 훈련된 정치주체들이 많이 없는 상황에서 사실상 혁통(혁신과통합)에 불리할 수도 있다. 그런 점에서 혁통이 새로운 정당의 모델을 맹아적으로 잘 보여줬다고 본다.

또한 정당의 모델을 디자인해 가는 과정에서 상층 지식인, 상층 활동가들이 정당의 모델을 디자인하지 않고, 미국의 '타운홀 미팅' 방식을 일부 벤치마킹해 채택했다. 온라인과 오프라인이 선순환하는 속에서 다양한 시민들의 아이디어를 수렴하고, 그 안에서 정당을 만들려는 시도는 기존 정당들이 하지 못했던 훌륭한 시도라고 생각한다. 이런 점에서 나는 절반의 의미 있는 실험이 시작됐다고 본다.

다만 야권통합 정당이 앞으로 총선과 대선 과정에서 또는 일상에서도 이러한 정당의 시민 주도적 활동 운영원리를 일관되게 관철시켜 낼지는 지켜볼 필요가 있다. 왜냐하면 아직 새로운 정치로의 이행기인 한국 현실을 볼 때 낡음과 새로움이 필연적으로 공존하기 때문이다. 만약 내가 제안한 10가지 테제들을 기본 운영원리와 문화로서 실천해 내기만 한다면 빅뱅이 일어날 것이다. 이는 자신들로서도 집권정당이 되는 길이고 한국정치를 혁명적으로 바꾸는 길이기도 하다. 그렇게만 된다면 이 방식을 도입하지 않은 정당들은 모두 다 주변화될 것이다.

안철수 교수가 부상하면서 야권 대선주자라 할 수 있는 손학규 민주당 대표의 지지도가 3~5%까지 떨어졌다. 이후 문재인 이사장이 대안으로 떠오르기도 했지만 얼마 못 갔다. 결국 안철수 원장이 박근혜 전 대표의

대항마로 내년 대선에 나서야 하는 것 아니냐는 말도 있고, 문재인 이사장을 돕는 것이 더 현실적이라고 말하는 이들도 있다. 어떻게 보나?

나는 그 과정을 열어놓아야 한다고 본다. 정치전략가 중 몇몇 분들은 친노 핵심 세력으로서 문 이사장은 확장성에 한계가 있다고 했고, 나는 문 이사장이 표피적으로는 친노세력이지만 초당파적 열망과 영혼을 갖고 있다고 했다. 그리고 앞에서 내가 사용한 표현을 활용하자면, 그는 단단하고 단아하며 단순한 시대의 결에 정확히 조응한다. 나의 말이 틀리지 않았다는 것은 이후 '문재인 현상'이 생겼을 때 단지 친노 성향의 사람들만 그를 좋아했던 것은 아니었다는 데서 드러났다. 더구나 문 이사장은 안철수와 달리 민주화를 추구하던 시대에는 민주의 가치를 실천적으로 고민했고 민주화 이후에는 청와대에서 치열한 정치의 생리를 온몸으로 겪었다.

오히려 안철수와 비교해서 문 이사장의 한계는 20대의 새로운 감수성을 충분히 소화하지 못한다는 것이다. 오래 전부터 나는 내년(2012년-편집자)은 2008년 오바마의 승리, 매케인의 패배와 흡사할 것이라는 말을 해왔다. 다만 2008년의 경제위기가 2012년에 올지에 대해서는 유보적이지만, 단 한 가지 매케인이 여자가 아니라는 점만 제외하고는 내년 우리 대선은 2008년 미국대선에서 볼 수 있었던 모든 특성을 보일 것이다.

오바마가 힐러리 여사를 누를 수 있었던 것은 20대의 새로운 감수성을 강렬히 표현했기 때문이다. 그런 점에서 문재인 이사장은 큰 강점을 갖고 있음에도 불구하고 '안철수 현상'이 등장했을 때 한계성을 드러냈다.

2012년 대선은 20대의 강렬함을 안고 있는 안철수 교수가
반드시 등장해야 한다. 이와 함께 안철수보다 훨씬 더 안정되고
훈련되어 있는 문재인 이사장 또한 반드시 등장해서 이들간에
아름다운 협력과 치열한 경쟁이 이루어져야 한다. 결국 역사와
민심이 판단할 문제다. 이 두 사람 중 한 사람만으로는 부족한
상황이 대선이다.

**「박근혜 현상」을 공동 집필했는데, 박근혜 전 대표가 한나라당의
대안부재로서 고착화되면서 국민에게 피로감이 있는 것 아닌가 하는
시각이 있다. 그럼에도 당내에서 현실적으로는 여전히 가장 유력한
대권후보로 보고 있는데, 박 전 대표의 대권 가능성은?**

나는 지금 시점에서 3위라고 본다. 안철수, 문재인 그리고
박근혜다. 한나라당에서 다른 대안은 찾기가 쉽지 않을 것이다.
내가 『박근혜 현상』을 자신 있게 썼던 이유는 앞서 이야기한
'3단' 즉 단단함, 단아함, 단순함, 이것이 내년의 시대정신을
일정 정도 반영하고 있기 때문이다.

지금 한국의 보수주자들 중에서 그 정도를 갖춘 사람을 찾기가
쉽지 않다. 단순히 박근혜 전 대표를 '극우적 후보'라면서
확장성의 한계를 지적하는 사람은 박 전 대표의 부분적
시대정신을 이해하지 못하는 사람이다.

박 전 대표의 비극을 비유해 보면, 제갈공명이 위나라 명장

사마의를 패퇴시키고 위나라를 멸망 직전까지 몰았는데 갑자기
하늘에서 비가 온다. 그때 제갈공명이 하늘을 쳐다보면서
"모사재인 성사재천"(謀事在人 成事在天, 인간은 노력하지만
결국 하늘이 결정한다)이라고 탄식한 에피소드와 유사하다.

내가 3위라고 말한 이유는 박 전 대표가 부분적으로 가지고
있는 시대정신보다 훨씬 더 뛰어난 시대정신을 가진 안철수
교수와 문재인 이사장을 이기기란 대단히 어렵다는 점에서다.
이기기 위해서는 빅뱅이 일어나야 한다. 이른바 안철수 같은
수준의 기질을 갖춘 합리적 보수가 등장하고, 그 후보를
중심으로 신당이 만들어지는 것 외에는 불가능하다.

역시 나는 이미 오래 전부터 한나라당에 빅뱅이 필요하지만
그것이 왜 안 되는지를 이야기해 왔는데, 현재의
정치지형으로는 매우 힘들다. 2008년 미국 민주당이
불임정당이던 시절에 매케인이라는 개혁적 보수를 부통령
후보로 영입할 생각을 했다. 이는 '박근혜 대세론'이 오랫동안
지속될 당시, 내가 아는 한 정치평론가가 결국 민주당이
박근혜와 연합해서 정권교체를 해야 한다고 생각한 것과
비슷했다.

매케인이 그러한 급이었는데 오바마가 등장하면서 졸지에
낡은 세력이 되어버렸다. '미래세력 대 낡은 세력'의 싸움으로
바뀌어가면서, 결국 매케인은 오바마를 이길 수 없는 지경으로
갔다. 흔히 미국 경제위기 때문에 매케인이 졌다고 하는데
그것은 오해이다. 매케인은 '과거 대 미래'의 시대정신 대결

때문에 졌다.

한나라당이 빅뱅을 이룬 개혁적 보수의 정당으로 거듭나고 박 전 대표가 안철수급 후보로 포지션 해야 하는데 그것은 쉽지는 않은 과제이다. 매케인이 갑자기 오바마가 될 수는 없는 것이다. 바로 이 지점에서 어떻게든 포지션을 바꿔도 바꿔내기 힘든 박 전 대표의 곤혹스러움이 있다.

그렇다 하더라도 가능성이 아예 없다고 말씀드리지 않는 이유는, 하늘이 아무리 야권에 시대적 정신을 주더라도 야권이 그 시대정신을 받아 안는 실천을 해내지 못한다면 결국 변덕스러운 시대정신은 박근혜에게 기회를 줄 것이기 때문이다.

이미 서울시장 선거를 통해 야권에게는 오바마와 같은 혁명을 일으키는 노하우, 승리의 비밀이 다 드러났다. 그대로만 하면 안정적으로 당선될 수 있는 것인데, 인간은 항상 그랬듯이 지혜로운 존재가 아니다.

(그 비밀이 뭔가?) 우리가 상식으로 다 아는 이야기인데 첫째, '진보 대 보수'의 대결이 아니라 '상식 대 비상식'의 가치로 승부해야 한다. 둘째, 새로운 정치와 기존의 정당들이 함께 균형을 이루어야 한다.

박원순 시장은 민주당 후보도 아니었지만 그렇다고 완전히 제3정당의 후보도 아니었다. 현실적으로 판단해야 한다.

마치 제3정당을 만들면 무조건 뜰 수 있을 것처럼 생각하는
이상주의자들 혹은 민주당 틀로 성공할 수 있다고 보는
현실주의자들은 잘못됐다.
셋째, 뉴미디어 혁명, 집단지성에 입각한 전략과 메시지,
홍보(선거운동)를 해야 한다.

특히 20대의 쿨한 감수성에 바탕을 둔 선거운동이 되어야 한다.
그러한 몇 가지가 있다. 지난 서울시장 선거가 '소셜 네트워크
선거'였는데, 나는 오래전부터 내년 총선에 소셜 네트워크
혁명이 일어날 것이라고 했다. 2012년은 서울시장 선거 수준을
넘어 어마어마한 규모의 소셜 네트워크 혁명이 일어날 것이다.

난 합리적 보수들이 이반이 일으키며 여권에서 떨어져 나갈
가능성이 있다고 칼럼 등을 통해 예고한 바 있다. 결국 김성식
의원 같은 지혜로운 합리적 보수주의 정치인이 한나라당을
탈당할 수밖에 없는 것이 오늘날 여권의 지형이다. 마치 2008년
콜린 파월이라는 훌륭한 합리적 보수가 오바마를 지지했듯이,
일부 합리적 보수가 거대한 시대적 흐름을 읽는다면 대선에서
안철수 혹은 문재인 후보를 지지하고 나설 가능성이 있다고
본다.

박세일 이사장의 신당에 대해서는 어떻게 보고 있나?

나는 회의적으로 본다. 잘못 보고 있는 것이 첫째로, 지금
한국 현실에서는 합리적 보수가 전면화되어야 하는데 박세일
이사장의 행보는 기존 보수와 합리적 보수이고자 하는

사람들을 어정쩡하게 결합시키려 하고 있다.
그것은 시대정신을 정확히 읽지 못하는 행위이다.

오히려 위험스럽더라도 지금은 합리적 보수들의
대정치세력화를 해야 한다. 이를테면 미국의 시어도어
루스벨트가 보수였지만 개혁당을 만들었듯이, 합리적 보수들은
대담한 결단을 해야 한다.

둘째, 박세일 선생님은 훌륭한 분이지만 2012년 시대정신은
박세일 선생님이 생각하시는 합리적 보수가 주도하면서 진보가
결합하는 시대가 아니다. 오히려 이명박 정부에 반대하는
야권세력이 중심이 되고 거기에 합리적 보수가 결합하는
시대가 될 것이다. 비슷한 시대맥락을 가진 2008년의 오바마는
부시 실정(失政)에 강렬히 분노하는 야권의 후보였지 보수의
후보가 아니었다.

기존 정치세력으로부터 완전히 이탈한 우아한 명사들의
클럽에 입각한 새로운 정당 디자인은 안 된다. 한국에는 합리적
리버럴(liberal) 주체가 아직 형성이 되어 있지 않다. 형성되고
있는 중에 불과한데, 제3지대로 완전 새롭게 가려고 한다면
실패할 운명일 수밖에 없다. 지금은 2008년의 오바마 모델을
참조해야 한다.

합리적 보수는 오히려 합리적 중도를 지지해 줘야 한다는 것인가?

일부 진보는 안철수 교수에 대해 부정확한 인식을 갖고 있는데,

안철수 교수는 기존 한국 현실에서 잘 보기 힘든 새로운 형태의 자유주의자라 할 수 있다. 어떤 이슈에 있어서는 중도적이고, 또 어떤 이슈는 좀더 진보적인 새로운 형태의 리버럴이다.

한국의 진보와 보수가 자꾸 착각하는 것이 안보, 경제 할 것 없이 모든 분야에서 일관된 이념적 스펙트럼과 강령집을 가져야 한다고 생각하는 점인데, 그것은 낡은 생각이다. 이미 20대들은 일관된 이념적 틀에 근거해 세상을 보지 않는다. 나는 과거에 "나는 진보지만 안보에 있어서는 보수고 문화적으로는 진보다"라고 해서 일관되지 않다고 비난을 받았다. 나는 북한문제에 대해서는 보수적이다. 진보는 일관된 이념적 기준의 강박관념에서 자유로워지고 새로운 상상력으로 무장해야 한다.

젊은 세대는 이념을 자유롭게 넘나드는 사람들이다. 안철수 교수는 이런 면에서 새로운 시대정신을 잘 보여주고 있다. 안철수의 탁월한 점은 자신의 의도와는 무관하게 지금 20대의 감수성과 놀랍게도 가깝다는 데 있다. 왜 그런지는 나도 궁금하다.

2008년 대선에 출마한 오바마 대통령은 시민사회 활동을 통해 사회적 대립구조에 정면으로 부딪혀 온 삶을 살아왔다. 안철수 교수가 이 20대의 감수성에 가장 가깝다고 말씀하셨는데, 안철수 교수가 재산을 사회에 환원한 부분을 제외하고는 자신만의 삶을 살아왔지 공적인 삶을 살았다고 볼 수는 없는데?

그 점에서 나는 한국정치가 가지는 안타까운 한계가 여실히
드러났다고 본다. 그 말에 공감하는 것이, 미국 정치인들은 어떤
경우는 심지어 초등학교 때 정치에 입문해서 대학교 4학년이면
수준이 굉장히 높아진다. 선거에서 부본부장을 맡기도 한다.
그렇게 해서 시의원에 출마할 쯤에는 내공이 굉장히 뛰어날
수밖에 없다.

오바마는 이미 오래전부터 시민정치운동에 몸담았다.
미국의 시민정치운동은 단순한 운동권이 아니라 커뮤니티를
만들어가는 과정에서 대단히 정치적으로 단련된다. 여기서
오랫동안 내공을 쌓아온 오바마는 상원에 들어가서 금방
적응했다. 또한 집권해서도 놀라울 정도의 리더십을 발휘하고
있다. 시대의 제약 속에서 표피적으로는 많이 망가진 것처럼
보이지만, 내부를 들여다보면 놀라울 정도다.

반면 안철수 교수는 이미 오랫동안 공적인 헌신은 해왔지만
오바마와 같은 의미의 정치적 단련을 받지 않았다. 그럼에도
놀라운 수준의 정치적 감각을 지니고 있다. 편지를 보면 단순히
작문 스타일을 넘어 그 사람이 정치에 대해 어느 정도의 감각과
이해도를 갖고 있는지가 잘 드러난다. 그런 점에서 참 놀랍다.

그러나 이것은 한국정치의 한계이다. 한국은 지나치게 현기증
나는 속도감 속에서 시민들이 기존 정치인을 믿지 못하면서,
결국 이것이 빠르게 스타들을 부상시켰다. 이때 스타들은
충분히 훈련되어 있지 못한 상태에서 대선후보로 점프한다.

나는 이것이 한국의 현실이고 한국의 안타까운 한계이기 때문에 부정만 할 것이 아니라 그 속에서 어떻게 정치를 진전시켜 나갈지를 고민할 수밖에 없다고 본다. 어떤 이상적인 그림을 자신 머릿속에서 그리고 이를 현실에 투영시키고자 하는 이들은 실천적이지가 않다. 현실은 언제나 우아하지 않다. 압축적이고 현기증 나게 진행되는 한국정치의 현단계를 인정하면서 그 속에서 최대한 안정적이고 더 나은 정치를 꿈꾸어야 한다.

한 언론사 논설위원은 "국민의 실망이 이 정도라면 안철수는 준비해야 한다" 했다. 어떻게 생각하나?

나도 여기에 절대적으로 공감하는 것이, 2012년에 집권할 대통령은 모든 분들이 예상하고 있지만 어느 때보다 어려울 수 있다. '87년체제' 정도의 문제가 아니다.
박정희 대통령 때부터 이어져 온 기존의 발전주의적 모델은 사실 노무현 전 대통령의 시대에도 힘을 발휘했다. 지역 균형발전 차원에서 전국에 클러스터 산업단지를 유치한다든가 하는 것도 결국 발전주의 모델의 유산으로부터 완전히 단절된 것이 아니다.

그러나 이제는 국내 정치, 경제, 교육, 문화 등 모든 분야에서 이러한 발전주의적 유산의 수명이 다했다는 사실이 확연히 드러나고 있다.

그런 점에서 차기정부 리더는 발전주의적 패러다임을 새로운

시민 주도적 네트워크형 경제모델, 민주적 연방주의적 모델
등으로 바꾸어나가야 하는, 한마디로 어마어마한 도전의
과제를 안고 있다. 또한 현재 세계경제는 기존 자본주의
체제에서 새로운 체제로 이행하는 문명사적 대전환의 시기라
할 수 있다. 따라서 이를 감내할 '오바마2.0'이 필요하다. 이는
어느 특정인에게만 기대할 것이 아니라 깨어 있는 시민들이
개방, 협업, 참여의 정신을 가지고 함께 만들어가야 할 10년의
장기과제라 할 수 있다.

2011년 12월

2. 정의란 무엇인가

분노를 넘어
인간적 고결함의 시대로

"당신은 아직도 인생이 아름답다고 생각하십니까?"
영화 〈박하사탕〉에서 점차 영혼이 무너져 가는 전직 고문
경찰관(설경구)이 우연히 자신이 고문했던 민주화 운동가를
만나 던진 질문이다.

나는 이 질문에 자신 있는 대답을 할 수 없었다. 왜냐하면
나름대로는 굴곡의 삶을 살면서 수많은 소름끼치는
사이코패스들을 만났기 때문이다.
하지만 김근태 선배라면 어떻게 대답했을까? 도저히
인간으로서 생각해 낼 수조차 없는 가장 악랄한 전기고문을
받아 온몸이 망가진 채 살아가야 했던 그이지만 이 질문에는
단호하게 "네"라고 대답했을 것이라 난 확신한다.

그는 수많은 전설적인 기록을 가진 민주화운동의 상징이지만,
나에게는 그 무엇보다도 인상적인 기억이 따로 있다. 오래전
친한 재야운동권 선배의 행사에서 지켜본 그는 참 '바보'
같았다.
모두가 힘있는 정치인들과 눈을 맞추느라 바쁠 때 유독 그는
혼자 저 구석에 어색하게 앉아 있는 평범한 외국인에게 다가가

친절한 대화로 시간을 보냈기 때문이다. 김선배의 어눌한 영어실력에도 불구하고 그녀의 행복한 표정을 난 아직도 잊을 수가 없다. 그날 나는 어떤 이념이나 직책보다 더 따뜻하고 아름다운 한 인간을 보았다. 어느 시인의 표현처럼 그날 난 바보와 사랑에 빠졌다.

십수년이 지난 지금, 이제는 우리 모두가 〈박하사탕〉 속 설경구의 냉소적 마음이 되어 버린지도 모르겠다. 난 식당에서 계산대 앞의 박하사탕을 집어들면서 가끔 스스로에게 묻곤 한다. '우린 다시 그 시절의 맑고 아름다운 사랑에 빠질 수는 없을까?'

하지만 요즘 기분이 우울하다. 80년대 민주화의 시대만큼이나 거대한 시대적 전환기를 맞이했는데, 맑은 열정과 깊은 생각보다는 혼탁한 동기와 표피적 이익으로만 세상을 보는 이들이 많기 때문이다. 안타까운 마음에 여기저기 공적 지식인으로서 부딪혀 보지만 내공의 부족으로 별 성과가 없다. 어떤 이들은 이 과정에서 내가 정계에 진출하려 한다는 희한한 소문까지 내는 모양이다. 그들에게 인간의 행위는 아름다운 가치보다는 오직 계산과 국회의원 배지로만 설명되는가 보다.

또한 그들의 편협한 인생관과 달리 우리의 삶은 고결함으로 성숙되어 나갈 수도 있다. 작년은 국내외적으로 분노와 민란의 시대였다. 극단적 불의와 천박한 탐욕 앞에서 분노하고 저항하는 것은 가장 인간적인 모습이다. 하지만 과거 에마뉘엘 테레이(E. Terray)라는 철학자가 지적한 것처럼, 분노는 거울 속 우리의 얼굴도 일그러지게 만든다.

올해는 분노와 저항에서 한 차원 더 나아가 저들도 고개를 숙일 수밖에 없는 인간적 고결함으로 새로운 미래를 디자인해야 한다.

김근태 선배는 자신의 온 삶을 파괴한 전기고문 기술자조차 용서하며 그들에게 인간의 고결함을 보여주었다. 아직도 인생은 아름답다고 생각하느냐 하는 저들의 냉소적 질문에 대해 우리 또한 이제 실천으로 단호히 대답해야 한다.

우리가 맑은 기운을 모아 새로운 대한민국의 모습을 만들어가면, 낡은 박정희 시대의 패러다임에 포획되어 있지만 다른 가능성을 찾는 이들도 결국은 마음을 열고 합류할 수 있다. 진보와 보수를 떠나 이제는 대한민국이 박정희 시대의 특징인 특권층의 체제에서 모든 시민의 자유로운 삶을 위한 공동체(민주공화국)로 이행하고 있다는 인식이 이미 공감대를 확대해 가고 있다.

비록 김근태 선배는 작년 말 서거했지만 그의 오랜 민주공화국의 꿈은 드디어 올해 총선과 대선에서부터 실현되기 시작할 것이다. 저들이 우리를 분노로 일그러지게 하고 우리의 현실 속 계산이 앞설 때 언제나 그의 영정사진 속 따뜻하고 바보 같은 미소를 떠올렸으면 좋겠다. 따뜻하게. 바보같이.

2012년 1월

미국-한국 지배하는
사생아들의 진짜 아버지는?
: 알렉스 아벨라의 『두뇌를 팝니다』

알렉스 아벨라의 『두뇌를 팝니다』(*Soldier of Reason*, 유강은 옮김,
난장 펴냄)를 단순히 미국의 냉전주의 외교전략의 산실에 대한
이야기로만 생각한다면 큰 오해다. 이 책의 화두는 더 크고
의미심장하다.

이 책은 제2차 세계대전 후, 미국제국의 역사를 어떤 렌즈로
들여다보는 것이 적합한가를 묻고 있다. 민주당 대 공화당
정치질서? 진보 대 보수의 시대? 뉴딜 대 레이건 시대?
이 모든 시기구분은 일정한 장점이 있다. 하지만 이 책은
단호하게 지난 시대는 다름 아닌 '랜드연구소의 시대'라며,
한 단어로 압축하고 있다. 민주당과 공화당 정치질서도
랜드연구소라는 렌즈로 보면 큰 차이가 없다는 것이다.

랜드연구소가 그렇게 대단한가? 이 책을 정독하다 보면 랜드를
연구소라고 부르는 것에 곤혹감을 가지게 된다. 이는 마치 한국
보수정당에게 있어서 『조선일보』를 단순히 언론사라고 부르는
것이 적절하지 않은 것과도 유사하다.
오히려 랜드연구소는 보수와 자유주의를 아우르는 전위적
정당에 가까운 역할을 해왔다. 왜냐하면 시대의 거대한 방향,

주요 담론, 과학적 혁신, 핵심 기간요원 양성 등에서 전위적
역할을 수행해 왔기 때문이다.

1948년 창립된 이래 28명의 노벨상 수상자를 배출하고, 연구의
그저 부산물(!)로 인터넷 발명에 기여하고, 1600명의 직원이
글로벌하게 활동하며, 베트남전쟁에서부터 워터게이트, 별들의
전쟁에 이르기까지 촉수가 뻗어 있지 않은 데가 없는 곳을 단지
연구소라 부르는 것은 오해의 소지가 크다.
그리고 이 책을 미국제국의 현대사에 대한 이야기로만
생각하는 것도 큰 오해이다. 이 책은 동시에 한국의 현대사와
우리의 삶 전반에 관한 이야기이기도 하다.

이 책을 읽으면서 먼저 나의 머릿속을 스쳐 지나간 것은
뜻밖에도 차명진 한나라당 의원과의 개인적 인연이다.
차명진 의원이나 김문수 경기도지사는 과거 한국의 탁월한
운동권 출신이다. 하지만 오늘날 그들은 급진운동권
출신이면서 외교·안보에서 강경한 태도를 취한다는 의미에서,
미국의 좌파 출신 네오콘(신보수주의) 1세대와 매우 유사하다.

대학원 시절 차명진 의원은 참으로 명석하고 시대의 흐름을
앞서 이해하였다. 그는 과거 마르크스주의의 계급 집단주의
담론에 강한 거부감을 표시하며 반대로 개인의 합리적
선택으로 사회를 이해한 이론에 심취한 적이 있다. 당시 대학원
수업에서 나는 골수 운동권 출신인 그가 이 이론에 그토록
매료되는 것이 흥미로웠다.

사실 차명진 의원의 행보는 『두뇌를 팝니다』에서 랜드연구소의 행보와 정확히 일치한다. 저자가 보기에 랜드연구소의 가장 큰 화두이자 미국사회에의 업적 두 가지는 바로 강경 외교·안보 전략과 합리적 선택 이론이다.

랜드연구소는 소련 공포증에 사로잡혀 '선제공격 독트린' 등 대응전략을 세우는 과정에서 합리적 선택 이론의 정교화에 크게 기여했다고 이 책은 주장한다. 또 이 책은 계급집단성 대신에, 랜드연구소의 노벨 경제학상 수상자인 케네스 애로우(Kenneth Arrow) 등이 발전시킨 개인의 합리적 선택이라는 패러다임이 공산주의와의 대결에서 가장 큰 사상적 무기로 작용하였다고 평가한다.

이러한 랜드연구소의 두 가지 화두는 한국 진보주의에도 어마어마한 영향을 끼쳤다. 강경 외교·안보 전략은 한국의 네오콘을 만들어냈다. 합리적 선택 이론은 한국의 진보 486들로 하여금 정부를 개인의 합리적 선택에 장애물로 작용하는 이기적 괴물로 간주하는 작은 정부론 등 신자유주의적 패러다임으로 기울어지게 하는 데 큰 역할을 수행했다.

그런 점에서 이 책은 미국에 대한 이야기이자 바로 오늘날 한국 정치지형에 대한 이야기이기도 하다.

아마 이 연구소의 주적이었던 레닌이 미국에서 가장 부러운 것이 있었다면 미국판 전위정당인 바로 이 랜드연구소였을 것이다. 레닌은 평소 입버릇처럼 볼세비키 정신과 미국적 효율성의 결합을 언급하곤 했다.

랜드연구소야말로 이 두 가지의 융합이라 할 수 있다. 이곳은
볼셰비키적 열정을 가지고 소련 공산주의와 사상투쟁을 벌이며
동시에 미국 자본주의의 위력에 근거한 과학적 혁신 투쟁을
전개하였다.

랜드연구소 국방연구의 부산물인 인터넷이야말로 이
사상투쟁과 과학적 혁신의 융합을 잘 보여준다. 왜냐하면
인터넷의 개방성 철학은 폐쇄적 공산주의 체제와의 사상투쟁
자체이며 동시에 과학의 발명품이기 때문이다. 오늘날 미국은
트위터 등 소셜 웹을 통해 이란 등 이른바 전체주의 체제의 붕괴
전략을 추구하고 있다.

그런데 랜드연구소의 대표적인 상품인 강경 외교·안보 사상과
합리적 선택 이론의 결합 내지 공존은 다소 기묘하다. 왜냐하면
전자는 〈닥터 스트레인지러브〉(Dr. Strangelove) 같은 영화에서
보듯이 핵 선제공격 등의 광적인 이론이고, 후자는 냉철한 개인
합리성에 관한 과학적 이론이기 때문이다.

물론 이 두 가지가 적절하게 결합하면 과학적으로 계산된,
절제된 광인 전략으로 나타날 수 있다. 이것이 쿠바 미사일
위기의 성공적 해소 이후 미국 외교·안보 전략의 최대 기둥인
강압적 외교 전략이다(이른바 '불량국가'는 이를 '벼랑 끝 전술'이라
표현한다).

하지만 이 두 가지가 나쁘게 작용한다면 전자는 네오콘의
광적인 선제공격 독트린으로 나타난다. 이것은 냉전시절에
소련이 더 크기 전에 절멸시키고자 한 강박관념에서
비롯되었다.

랜드연구소의 가장 걸출한 스타이자 네오콘의 대부이기도
했던 앨버트 월스테터(Albert Wohlstetter)의 소련 공포증은
우주로까지 전쟁을 비화시키는 별들의 전쟁 프로젝트로도
이어졌다. 그리고 냉전이 사라진 21세기에 9·11테러 덕분에
부시의 선제공격 독트린으로 잠시 부활하기도 했다.

후자인 합리적 선택 이론은 다시 두 가지 부작용을 양산한다.
그중 하나인 국제관계에서 개인행동에 대한 수학적 계산
가능성의 신화는 베트남전쟁 등의 패배로 귀결되었다.
걸어다니는 슈퍼컴퓨터 국방장관 맥나마라(R. Mcnamara)가
베트남 민족주의를 계산에 넣지 못하고, 가장 준비된 국방장관
럼스펠드(D. Rumsfeld)가 이라크 반미주의를 계산에 넣지 못한
것은 가장 극적인 예일 것이다.
국내적으로는 이 이론은 정부를 약화시키며 미국 공동체를
분열시켜 결국 제국의 기초를 안으로부터 침식하는 것으로
나타난다. 개인의 합리적 선택 이론의 실험장이자 '미국의
빛나는 아침'으로 일컬어지던 레이건 시절은 바로 양극화의
심화과정이자 미국 공동체의 해체과정이기도 했다.

인문학 토대가 취약한 연구소라 그런지, 이들은 자신들의
대표상품들이 미국문명에서 어떠한 위치를 차지하며 또
이것들의 관계가 어떤 의도하지 않은 결과들을 낳는지
이해하지 못한다.

이 두 가지 상품의 결합 내지 공존은 자유주의자들에게도
엄청난 영향을 미쳤다. 월스테터는 자유주의자 케네디가

소련과의 미사일 격차라는 자신의 소련 공포증을 이어가는
것에 대만족을 표시한 바 있다. 결국 냉전 자유주의자인 케네디,
존슨 등은 비록 공군사령관 르 메이(C. LeMay) 등과 같은
랜드연구소 스타들과 사사건건 대립하기도 했지만 쿠바 미사일
위기, 베트남전쟁 등에서 랜드연구소의 담론과 인맥의 자장
안에서 움직였다.

국내적으로도 미국 자유주의자들은 랜드연구소의 최대 상품인
합리적 선택 이론의 영향을 지대하게 받아왔다. 1970년대 이후
민주당 내 새로이 부상한 계파인 신자유주의 그룹과 그들의
대표상품인 클린턴, 고어, 하트 등은 그 상징이다. 이들은 이후
"우리는 모두 작은 정부론자이다"라고 인정하며 작은 정부론
담론의 자장 안에서 움직이면서 자신들 스스로가 레이건 시대
민주당임을 분명히 했다. 이는 다른 말로 하면 랜드연구소판
민주당임을 인정하는 것이다.

하지만 랜드연구소의 화려한 두 상품은 처참한 기록을 동시에
가지고 있다. 소련 공포증에 기반을 둔 선제공격 독트린은 이제
영화 속 웃음거리의 대상이 되었다. 랜드연구소의 예상과 달리
소련은 선제공격 없이도 붕괴했고, 레이건은 때로는 변절하여
고르바초프와 손을 잡았다.

더 큰 문제는 냉전과 소련 붕괴의 시도과정에서 오히려
미국이라는 거인이 돌이킬 수 없는 상처를 입었다는 사실이다.
앞에서 지적한 것처럼 모든 것을 수학적 계산으로 환원시킨
합리적 선택 이론은 베트남의 민족주의를 계산하지 못했고

중동의 반미주의를 계산하지 못했으며 오늘날 북한의 벼랑 끝 전술을 계산하는 데 자주 실패했다.

더구나 과거 영국과 달리 공납이 가능한 식민지를 거느리지 못한 미국은 과잉 팽창된 제국을 유지하느라 허덕이고 있다. 지난 이라크전쟁에서 마치 랜드연구소처럼 광인이론을 주창하던 『뉴욕타임스』의 보수 칼럼니스트 토머스 프리드먼(T. Friedman)은 이제 공공연하게 아프간전쟁에서 발을 빼고 미국만 돌보자고 선동하고 있다.

프리드먼의 선동이 실감나는 것은 그간 작은 정부론 패러다임의 결과로, 미국이 자본을 고삐 풀린 망아지마냥 놓아버렸고 합리적 선택 대신에 만인의 만인에 대한 전쟁이라는 홉스적 야만의 상황으로 전락했기 때문이다. 부시 행정부 시절의 카트리나 재난은 미국 공동체가 어디까지 파괴되어 있는지를 생생하게 보여주었다. 미국의 공동체주의 철학자이자 오늘날 한국에서 스타인 하버드대학교 마이클 샌델(M. Sandel) 교수는 "연대가 무너지면 비극이 발생한다"고 한탄하고 있다.

군산복합체 미국에서 랜드연구소의 영향력은 여전히 크다. 하지만 랜드연구소의 가장 영광스러운 시대는 이미 지나갔다. 미국은 이제 랜드연구소의 군사주의보다 트위터, 구글, 애플이 던지는 외교·안보 전략의 함의에 더 주목한다. 말하자면 소프트 파워의 시대인 것이다. 그리고 군사주의보다 중동국가의 내수 부양을 통해 실업자의 테러리스트로 전락을 방지하기 위한 새로운 테러방지 전략이 시도되고 있다. 합리적 선택 이론도 이제 빛이 바래고 그 대신 선스타인(C. Sunstein)의 『넛지』(*Nudge*)처럼 인간의 복합적 심리에 주목하는 행동경제학이나 마이클 샌델, 왈저(M. Walzer) 등의 공동체주의가 상종가를 누리고 있다.

소프트 파워와 공동체주의를 구현하는 오바마의 당선이야말로 랜드연구소의 시대가 새로운 시대로 이행하였음을 보여주는 징표이다. 하지만 미국은 이미 오래전부터 랜드연구소 등이 열어젖힌 판도라의 상자로 인해 그 무수한 부작용 속에서 비틀거리고 있다. 오바마는 과잉 팽창된 미국을 대폭 축소하지도, 그렇다고 유지하지도 못하는 곤혹스러운 상황 안에서 좌충우돌하고 있다.

이 책은 깊이 있게 맥락과 그 결과, 시사점을 보지 못한 채 미국의 최신 담론과 상품을 수입하는 한국의 수많은 랜드연구소의 사생아들에 대한 중요한 경고장이다. 이제 모두 숨을 고르며 생각의 시간을 가질 때이다.

2010년 9월

정의란
무엇인가2.0

하버드대학교의 마이클 샌델 교수는 지난해 우리에게 정의란
무엇인가를 질문했다. 이제 그 질문은 한 차원 더 발전되어야
한다. "무엇이(지구적) 정의인가"라고 말이다.

샌델의 질문의 틀은 주로 한 나라 안에서의 정의이다. 그리고
우리는 때로는 사정이 너무 절박해서, 또 때로는 사고의 시야가
너무 편협해서 오랫동안 대한민국 틀 안에서의 정의만을 주로
문제 삼았다. 하지만 이제 정치적 공간에 대한 새로운 상상력이
필요하다.

세계적 석학인 낸시 프레이저(Nancy Fraser) 뉴스쿨대 교수는
『지구화 시대의 정의』(*Scales of Justice*)란 책에서, 정의란 결코
한 나라 내부의 문제가 아니라고 강조한다. 전세계가 긴밀히
연결되고 상호 의존하는 지구화의 세상에서 우리는 대한민국
사람이면서 동시에 이집트인, 리비아인일 수밖에 없다. 당장
우리는 리비아 사태로 주유소 기름값과 점심값을 심각하게
계산하고 있다.
하지만 『뉴욕타임스』의 칼럼니스트 토머스 프리드먼의
표현처럼 중동은 그저 우리를 위해 존재하는 주유소가 아니다.

단지 토건건설을 위해 존재하는 부지도 물론 아니다. 우리 한반도 문제 해결을 위해 파병을 가지고 지렛대로 사용되는 도구도 결코 아니다.

그곳은 우리와 같은 피와 살을 가진 사람이 살고 있는 삶의 공동체이다. 하지만 우리들의 석유체제에의 달콤한 중독이 의도하지 않게 카다피가 저지른 리비아판 광주학살의 무기로 전환된 연결고리를 기억해야 한다.

우리가 무의식적으로 정의를 국내의 틀에 국한하는 것은 지구적 정의를 국가나 초국적 엘리트들의 특권으로 간주하기 때문이기도 하다. 일반적으로 정의란 동등한 참여를 의미하는데 우리는 너무 많은 권한을 그들에게 부여해 왔다. 이해관계 당사자인 우리가 지구적 정치의 목소리를 위임한 결과의 성적표는 그리 좋지 않다.

나는 과거 보스니아 인종학살 사태 속에서 드러난 그들의 한계를 생생히 기억한다. 미국과 유럽의 정부 엘리트들은 지정학적 이해관계를 계산하거나 여론의 눈치를 보며 주저하다가 학살의 만행에 너무 늦게 개입하고 말았다.

중동의 독재자들과 밀월을 즐겨온 미국과 유럽의 특권층 엘리트들은 지금도 너무 무기력하게 사태에 개입하고 있다. 정권교체 대상인 이라크 후세인을 상대로 해서는 그토록 쉽고 집요하게 강제한 비행 금지구역조차 합의안을 만들어내기가 너무 어렵다.

한동안 제국으로의 부상으로 으스대던 중국정부 엘리트들은 자신들의 발자국 소리가 들릴까 봐 조용히 걷거나 충혈된

눈으로 인터넷을 응시하고 있다.

『슈피겔』은 지금의 사태를 '서구의 무기력증'이라 불렀는데 그건 정확한 표현이 아니다. 더 엄밀하게는 국가와 초국적 엘리트들에 의해 지구적 정치가 결정되는 공정하지 않은 제도의 무기력이다.

지금의 중동 민주화혁명은 긴 문명의 흐름에서 보면 미국 주도의 패권적 안정과 시장 만능주의 그리고 석유중독의 지구적 거버넌스가 새로운 체제로 이행하고 있는 신호탄이다. 이미 미국의 패권은 쇠퇴했고 이제 아무도 시장 만능주의 거버넌스를 신뢰하지 않는다. 그리고 석유중독 체제는 보수 엘리트들조차 그 유용성을 의심하고 있다.

이 긴 이행의 결과가 좀더 부드러운 네트워크 제국의 질서가 될지, 아니면 좀더 자유롭고 동등한 세계시민들의 지구적 민주공화정이 될지 알 수 없다.

하지만 한 가지 분명한 것은 지구적 정의를 향한 초국적인 촛불시민들의 네트워크만이 좀더 바람직한 후자를 가능하게 할 수 있다는 사실이다. 그리고 이러한 초국적 공론의 장은 이후 세계시민적인 지구제도에 대한 새로운 상상력으로 진화되어야 한다.

2012년 대한민국을 민주공화국으로 만드는 것은 매우 중요하다. 하지만 지구적 민주공화국에 대한 관심을 미루어놓는 순간, 지구적 정의는 어느 날 우리에게 값비싼 비용청구서를 내밀 것이다. 그때 가서 중동재단을 만든다거나 봉사단을 파견하자며 부산을 떨 여야 정치권의 모습이 훤히 보인다.
올해와 내년은 한국사회에 지구적 정의란 무엇인가라는 화두와 그에 대한 성찰 그리고 실천이 단단하게 뿌리내리는 한 해가 되길 기원한다.

2011년 2월

『뉴욕타임스』의
토머스 프리드먼에 대한 유감

나는 『뉴욕타임스』의 저명한 기자인 토머스 프리드먼(Thomas Friedman)의 열렬한 팬이다. 그의 칼럼이 나오는 날이면 마치 연인과 데이트하는 날처럼 가슴이 설렌다. 아이패드를 클릭하면 그는 역시 나를 실망시키지 않는다. 그는 카페에서 대화하듯이 속삭이며 마치 자석처럼 자신의 이야기보따리로 나를 끌어들인다.

그는 내가 전세계에서 가장 부러워하는 사람이기도 하다. 그저 칼럼취재를 위해 당장 외국 어디론가 떠나겠다고 하면, 『뉴욕타임스』 편집국은 그에게 사유를 묻지도 않고 작별인사를 건넨다.
비행기 안에서 그를 알아보는 전세계 시민들은 어제 그의 칼럼에 대해 친근하게 말을 건네고 공항 활주로에는 현지 고위관계자들이 줄을 선다.

그가 탁월한 글을 쓸 수 있는 이유 중 하나는 자신이 세운 칼럼 집필방향에 있다. 그는 때로는 "아, 그런 관점이 있구나. 난 몰랐네!" 하는 반응을 이끌어내는 글도 즐겨 쓴다고 한다. 즉 새로운 지적 세계로의 초대이다.

하지만 그 스스로 가장 만족하는 최상급의 글의 방향은 다른 곳에 있다. 그는 시민들이 가슴속에 뭔가 하고 싶은 이야기가 있지만 그것을 명료히 표현하지 못할 때 이를 글로 형상화하는 것을 특히 좋아한다.

그러나 나는 그의 열렬한 팬이지만 바로 이러한 방향이 그를 잘못된 칼럼니스트의 길로도 이끈다는 생각을 한다. 내가 가장 흥미롭게 읽었지만 동시에 가장 크게 실망한 그의 칼럼은 "너보다 내가 더 미쳤거든"이라는 9·11테러 직후에 나온 글이다.

이 글에서 프리드먼은 부시 대통령의 충동적이면서 확전을 불사하는 대응에 대해 거칠다고 지적한다. 그런데 놀랍게도 바로 그 이유로 그는 당시 부시의 군사적 모험주의를 지지하였다. 즉 미국이 테러리스트보다 더 미친 사람으로 행동해야 그들을 제압할 수 있다는 '광인이론'이었다. 당시 이 칼럼은 미국시민들의 가슴속 느낌을 기막히게 표현해 내어 큰 영향을 주었다.

하지만 이 글은 기막히게 읽는 맛은 있었지만, 절대로 세상에 나와서는 안 되는 불량식품이었다. 왜냐하면 바로 그런 확전을 불사하는 대응이야말로 오사마 빈라덴의 미국을 망가뜨리기 위한 의도에 가장 기여하는 것이기 때문이다. 이제 우리 모두가 알고 있듯이 미국은 9·11테러에 충동적으로 대응하다가 퇴조의 사이클을 가속화시켰고 그후 집권한 버락 오바마는 수렁에서 헤어 나오지 못하고 있다.

오바마 집권 후 프리드먼은 다시 나를 실망시키고 말았다.
아프간전쟁에서 수렁에 빠진 오바마가 엄청난 영향력을 가진
그의 지지를 얻기 위해 점심에 초대한 적이 있다. 그런데
그는 초대받은 오찬장에서 외부전쟁보다 미국 국내 이슈에만
집중하자고 대통령을 비판하였고, 그 이후 강한 어조의
비판적 칼럼으로 백악관을 곤혹스럽게 했다. 그는 다시 솜씨
있는 필력을 발휘하여 시민들이 본능적으로 고립주의적
기조에 빠지는 마음을 글로 대변해 낸 것이다. 그렇지만 지금
국제관계에서 손을 갑자기 떼는 것이 과연 제국의 입장에서
지혜로운지는 대단히 회의적이다.

오늘날 같은 트위터와 페이스북의 시대에서는 누구나 쉽게
자신의 글을 전세계 사람들에게 알리고 영향을 끼치는 기사가
될 수 있다.
하지만 영원히 변하지 않는 지식인의 역할은 당대의
꿈틀거리는 본능이 무엇이라 명하든 이를 의심하고 이후
다가올 시대에 대해 통찰하고 경고하는 것이라 생각한다.
이런 점에서 오늘날 지식인의 역할은 사라지는 것이 아니라
오히려 더 무거워지고 있다.

갑자기 프리드먼이 떠오른 것은 한반도에 주는 시사점
때문이다. 평소에 내가 존경하는 한 지식인은 천안함 사건
직후에 심각한 국지전이 발생할 것 같다고 몹시 우려하며
백방으로 지식을 구한 적이 있다. 지식인을 자처하는 나는 당시
그에게 아무런 도움이 되지 못했고 지혜로운 칼럼을 쓰지도
못했다.

비록 늦었지만 지금이라도 난 그저 충동적 모험주의와 이후 극단적 고립주의 사이에서 동요하는 프리드먼과 같은 지식인이 되지는 않겠다는 결심을 해본다. 멀리 내다보는 혜안을 가지고 행동하는 이들이 많을 때 배트맨 영화인 〈다크 나이트〉의 조커 같은 북한으로 하여금 진정으로 대한민국을 두렵게 생각하게 할 수 있다.

2010년 11월

정치캠페인과
사회운동의 차이

한때 정치학자들 사이에서 이제 진보진영은 제발 운동권
정서를 버리고 제대로 된 정당, 제대로 된 정책입법에 집중해야
한다는 명제가 유행한 적이 있었다. 그들의 지적은 굳은 이념과
무조건적인 비타협 투쟁이 곧 진보를 실현하는 것이 아니라는
점에서 타당했다.
진보의 궁극적 실현은 오히려 수많은 미시적 정치과정의
미로와 성가신 연합 그리고 흡족하지 않은 타협의 결과에 의한
경우가 더 많다.

하지만 당시 나는 그러한 주장이 때로는 균형감 있는 선을
넘어 과도하게 운동의 정서에 대해 비판적인 논지로 나아가는
것이 못마땅했다. 왜냐하면 나 스스로가 항상 운동의 관점에서
정치를 바라보기 때문이다.
나는 프랑스 철학자 펠릭스 가타리(F. Guattari)의 "항상
권력의지를 경계하라"는 말을 가장 좋아한다. 권력의지 자체가
나쁜 것은 아니지만 운동의 관점이 약해지고 협소한 의미의
권력의지만 강해지는 순간, 우리는 정체성이 변하고 그저
괴물로 변하기 때문이다.

그러나 한동안 나의 주장은 큰 공명을 받지 못하는 소수파의
주장으로 남아 있어야 했다. 왜냐하면 흔히 한국이
중요하게 벤치마킹의 대상으로 여기는 미국 등의 '선진정치'가
운동이 아니라 정당을 중심으로 움직이고, 한국은 이미 민주화
이후 민주주의의 길로 들어섰기 때문이다.
그런데 이제 그 두 가지, 단단해 보이는 가설의 토대가
흔들리고 있다.

첫째, 진보의 집권을 실현한 오바마 대통령의 정치관 자체가
'영구적 운동으로서의 정치'이다. 그는 대선기간 동안 자신의
선거과정을 단지 여론조사나 기부금 모금, 엘리트들의
정치광고전 등을 위주로 한 정치 캠페인으로 규정하는 것을
거부하고 아래로부터의 사회운동의 일환으로 간주하였고,
이런 그를 주변 선거전략가들은 정치 철부지 혹은 운동권으로
취급하기도 했다.
그는 클린턴 시대의 주류 진보정치가 정치의 혼이 약화된 채
모든 것을 권력쟁취의 관점, 여론조사의 관점에만 지나치게
매몰되어 바라보는 것에 비판적이었던 것이다.

철부지 운동권 취급을 받았던 오바마는 집권에 실패했을까?
이제 모두가 알듯이 그는 선거의 구도와 미국정치의 개념을
바꾸면서 의미 있게 집권하는 데 성공했다.
정치를 운동으로 사고하기에 백악관 진입 이후 정치에
실패하고 있는가? 비록 역대 어느 대통령보다 어려운 조건에서
부침과 오류를 거듭하지만 그는 유연한 타협을 통해 의료보험
개혁에 성공하였다.

그래서 나는 운동과 정치의 관점이 서로 융합할 수 없다는
입장을 이해하지 못한다. 제대로 된 운동, 제대로 된 정치가
아니어서 문제이지 운동과 정치가 본질적으로 다른 것은
아니다.

둘째로, 민주화 이후 민주주의의 단계에서 정당의 절대적
중요성을 강조하던 지식인들도 모든 것의 경계가 유동적으로
되고 있는 네트워크 정치 시대에 직면하면서 결국 자신들의
정당관도 낡은 근대적인 사고의 잔재라는 것을 서서히
자각하기 시작하였다.
현재 민주당과 민주노동당, 진보신당이 운동권 정서를 가져서
대중적 정당으로 거듭나지 못하는 걸까?
물론 여전히 일부 활동가들만의 정당 모델에 머물러
있다는 점에서는 타당한 지적이다. 하지만 일부 활동가들의
패러다임은 극히 협소한 운동의 사고방식일 뿐이지
운동적 사고가 원죄는 아니다. 오히려 현재 문성근씨의
백만민란운동의 성공에서 볼 수 있듯이 대중적 정당의 출발은
대중적 운동에서 시작된다.
사실 아직도 운동의 시각은 한국정치에서 턱없이 부족하다.

한때 미국에서 미드 폐인을 양산한 진보적 정치드라마인
〈웨스트 윙〉(The West Wing)에서 백악관 집권에 성공한 진보
정치가들이 자신들의 과제를 과거 러시아의 과격한 혁명가
트로츠키의 영구혁명에 비유하는 것을 보고 놀랐던 기억이
난다. 요컨대 그들은 마치 영구혁명처럼 민주주의란
운동의 관점에서 부단히 혁신되어야만 생명력이 있다고 지적한

것이다.

〈웨스트 윙〉과 이 드라마 정신의 화신인 오바마는 진보정치의
혼을 이해하고 있다. 오바마는 오늘도 백악관에 어둠이 내리면
홀로 앉아 "이 일을 하면서 나의 정체성까지 바꾸지는 않을
것이다"(『게임 체인지』)라고 되뇌고 있을 것이다. 즉 자신은
영원한 운동가로서의 정체성을 지키겠다는 결의이다.
진보의 집권과 집권 이후 성공을 간절히 바라는 이들이
곱씹어볼 대목이다.

2011년 2월

교육개혁엔
여야 없다

미국의 거물 정치지도자들이 대담한 교육개혁을 위한 대장정을
시작했다. 던컨 교육부장관은 이 야심찬 개혁 드라이브의 공동
파트너로 뉴트 깅리치 전 공화당 하원의장과 알 샤프턴 민주당
전 대선후보를 선택했다. 깅리치와 샤프턴.

미국정치에서 이보다 더 어색하고 긴장감을 조성하는 그림은
찾기 어렵다. 한국으로 비유하면, 조갑제씨와 진중권씨의
만남과도 같다. 깅리치는 공화당 강경보수 진영의 보스이며
클린턴 가문과의 전쟁을 진두지휘해 온 당파성의 화신이다.
샤프턴도 이에 못지않다. 그는 초당적이고 보편적인 태도를
가진 오바마와 달리 거친 분노와 협소한 흑인정치의 대명사로
중산층 백인들을 불편하게 하기로 유명하다.
그런데 오바마의 초당적 태도와 진정성은 그들의 무릎을
맞대게 했다. 오바마는 백악관 회동에서 서로 노력을 통해
70%만이라도 동의가 된다면 그것부터 실천하자고 간곡히
호소해 그들의 마음을 움직였다.

70% 동의가 가능할까. 깅리치는 교육부 폐지론자로 유명하고
샤프턴은 노조 이익의 대변자이니 말이다.

하지만 함께 도시를 순방하는 동안 깅리치는 놀랍게도 솔직한 어투로 이상적 세계에서는 각 주의 자율이 좋지만 현실은 엄혹하다며 교육부 폐지론을 접었다.

무조건 노조의 이익만 대변하던 샤프턴 목사도 솔직하게 노조, 학부모, 공동체 모두 교육에서 실패했다고 비판의 칼을 세우기 시작했다.

물론 냉소적 성향의 사람들은 이 두 잠재적인 대선후보들이 초당적 이미지를 획득하고 싶어하는 모양이라고 치부해 버릴 수도 있을 것이다. 그러나 정치인들이 모두 간디가 돼야 하는 것은 아니다. 그들의 '정치적' 아젠다 과정과 결과가 궁극적으로 공공선에 기여하면 그것으로 족하다.

사실 두 정치거물은 자신들 나름대로 교육문제의 진정한 해결에 대해 강한 의욕을 보이고 있다. 왜냐하면 성장과 국가안보를 중시하는 보수주의자 깅리치에게 교육은 '미래번영'의 핵심 요소이며 '국가안보'의 핵심 요소이기 때문이다. 민권을 중시하는 진보주의자 샤프턴 목사에게 교육은 '21세기 민권투쟁'의 핵심 요소이기 때문이다.

공통 지반이 가능한 또 하나의 이유는 바로 대통령의 리더십이다. 오바마 대통령은 이전에 학교를 방문하여, 자신의 진보적 정치 아젠다를 선전하는 장으로 활용하거나 낙후된 교육현실을 정당화하기보다는 그 학교의 학생과 학부모들에게 기대치를 절대로 낮추지 말라고 호소해 잔잔한 감동을 불러일으킨 바 있다. 그 당시 깅리치는 이례적으로 대통령을 칭찬하기도 했다.

더구나 오바마는 자신의 핵심 지지기반인 교원노조의 기득권을 무조건 보호하지 않고 성과를 요구하고 각 주에 대담한 개혁을 주문해 보수주의자들을 놀라게 하고 있다.

결국 이러한 리더십은 깅리치와 샤프턴의 공동 도시순방으로 열매를 맺었다. 대통령이 먼저 진정성과 초당성을 보이면 모든 것은 풀리게 되어 있는 셈이다.

샤프턴 목사는 초당적 태도의 필요성을 강조하며 "어린아이들에게 공화당과 민주당의 차이는 의미 없다"고 지적했다.

아마 한국의 어린아이들에게도 한나라당, 민주당, 진보정당의 당적은 무의미할 것이다. 중요한 것은 모든 어린이가 제대로 교육받을 권리와 근사한 미래가 아닌가. 한국의 깅리치와 샤프턴의 공동 도시순방을 기대한다.

2009년 11월

박근혜 포퓰리즘은
민주주의의 적인가?

한국의 주류 보수진영은 그간 진보파에 대한 보수의 효과적
무기였던 포퓰리즘 낙인을 여전히 유지하고 싶어한다.
그러하기에 광우병에서 세종시 이슈에 이르기까지 자주 국민의
입장을 거론해 온 박근혜 대표의 행보나 무상급식에 대한
일각의 동조에 불편해한다.

이에 대해 『한겨레』의 한 기사에서는 포퓰리즘은 단지 진보의
병리적 무기가 아니라 정치현상 내부에 항상 내재되어 있다는
관점을 제기하고 있다 (『한겨레』 2010. 3. 18).

이번에는 이 기사가 포퓰리즘을 보수의 병리적 현상으로만
규정하고 자신을 민주주의자로 규정하는 진보진영 일각을
불편하게 한 것은 아닌가 생각된다.
포퓰리즘을 민주주의의 적 혹은 가짜 민주주의로 규정하는
신진욱 교수의 글("포퓰리즘과 대중민주주의 구분해야," 『한겨레』
2010. 3. 24)은 한편으로는 최근의 포퓰리즘 논쟁을 한 단계
성숙시키는 훌륭한 문제제기이지만, 다른 한편으로는 이러한
진보의 감수성을 보여주는 글로 보인다.
그의 논지를 해석하면 오바마나 노무현은 민주주의자이고,

매케인과 박근혜는 민주주의자가 아니라 단지 인민을
기만적으로 동원하는 민주주의의 적으로서 포퓰리스트이다.

이토록 찬밥 취급을 받는 포퓰리즘은 과연 실체가 무엇인가?
서구학계에서도 이 안개처럼 잡히지 않는 포퓰리즘의 의미를
이론화함에서 곤혹스러워하곤 한다.
대체적으로 포퓰리즘은 단지 인기영합주의라는 의미가 아니라
상대 정치진영을 특권층으로 규정하고 반면에 자신을 국민
일반의 대표라 자임하는 정치담론 일반을 지칭한다. 이때
특권층으로 규정된 세력은 보수(예를 들어 재벌, 보수당)일 수도
있고 진보(예를 들어 386정치인, 강남좌파)일 수도 있다.

반면에 신교수는 '인민'(라틴어 populus의 번역)이 정치공동체의
주권자라는 대중민주주의가 변질되면 인민의 이름으로 인민을
기만하는 보수진영의 가짜 민주주의인 포퓰리즘으로 나타날
수도 있다고 지적한다. 그리고 그 기만의 예로서 파시즘과
영국의 대처를 들고 있다.
하지만 진보진영에서 대중민주주의 심성은 정치적 변질의
과정이 없을까?
현실정치를 구성하는 것에서 인민주권 사상은 다양한 정치적
운동으로 나타난다. 과거 소비에트는 노동자계급 주도의
민주주의가 인민주권이라고 선언했다. 오늘날 자유주의자
일각은 엘리트가 주도하는 엘리트 민주주의를 이상으로
선언한다. 또 진보정치의 많은 경우에는 특정 계급의 주도가
아니라 자신들이 국민 일반을 대표한다는 담론을 선언한다.

왜 이렇게 다양하게 나타나는지, 그 이유는 인민주권은 그
의미 자체가 현실 맥락에서 정치적 구성과 해석의 대상이기
때문이다. 진보진영이 국민을 대표한다는 포퓰리즘 담론을
구사할 때도 보수적 포퓰리즘 경우처럼 정치적 동원과 배제는
당연히 발생한다. 왜냐하면 시민은 하나의 유기체로서 국민이
아니라 자유로운 개인들이나 계급·계층들의 관계망이기
때문이다.

중요한 것은 어떠한 포퓰리즘이든 그것이 가능한 인민 속의
다양함을 최대한 존중하고 법치나 견제와 균형 등의 공화주의
논리와도 잘 융합하는 것으로 숙성시키는 것이다. 내가 미국
민주당 오바마의 진보적 포퓰리즘보다 공화당 매케인의 보수적
포퓰리즘을 더 강하게 비판하는 이유는, 그것이 앞에서 말한
이상을 덜 구현하기 때문이지 전자가 진짜 민주주의이고
후자는 가짜로서 포퓰리즘이기 때문은 아니다.

신교수는 진보의 참된 민주정치와 보수의 가짜 민주주의로서의
포퓰리즘이라는 절대적 이분법을 가지고 "민주주의가 민주주의
적들과 너무 많은 것을 공유"하지 않도록 경계선을 분명히
하고자 한다.
하지만 진보는 민주적이고 보수는 병리적이라는 테제는
그 의도와 달리 보수의 대중적 힘을 안이하게 보게 만든다.
왜냐하면 보수 포퓰리즘은 그저 인민을 대변하는 시늉을
취한다고 보기에 그 대중욕망과의 결합의 깊이를 과소평가하게
되기 때문이다.
내가 2004년부터 보수적 포퓰리즘의 시대가 다가온다고

강하게 경고해 왔고 박근혜 대표의 대중적 힘에 대해 지적했을
때 진보 일각의 비웃음을 기억한다.

아울러 이 이분법은 신교수의 좋은 의도와 달리 진보의
"자기성찰의 거울을 흐리게 한다." 왜냐하면 포퓰리즘이
융합된 진보의 정치 속에 있는 배제와 한계를 예리하게
인식하기보다는 신비화할 가능성이 있기 때문이다.
오바마와 노무현의 '국민대변 정치'(진보 포퓰리즘)가 가진
정치적 구성과 배제의 논리를 예리하게 인식할 때만이 비로소
보다 참된 민주정치로 발전해 갈 수 있다.

2010년 3월

위대한
지도자 동지의 서거

위대하고 아름다운 리더가 결국 18일 우리 곁을 떠났다. 김정일 국방위원장의 사망시점은 19일이 아닌가? 난 지금 김정일이 아니라 하벨(V. Havel) 체코 전 대통령을 말하고 있다. 그의 서거소식을 접하는 순간, 슬픔과 안타까움이 한꺼번에 밀려와 가슴이 저리어왔다.

몇 달 전 나는 학교의 일로 그에게 현지 인터뷰를 요청한 적이 있다. 하지만 안타깝게도 그는 막 병원에서 수술을 마친 후라 그의 비서는 정중하게 보류를 통보해 왔다. 그가 다시 건강을 회복하여 인류의 미래에 대한 통찰을 받아 적을 인터뷰 날만 학수고대하고 있었는데….

나는 왜 감히 그를 동지라고 부르는가? 권위주의 시절 난 대학생활의 전부를 민주화운동으로 보냈다. 미국유학을 결정했을 때도 한나 아렌트처럼 히틀러 전체주의와 맞선 공적 지식인들의 망명지였던 뉴욕의 뉴스쿨대학원에만 지원 원서를 냈다. 뉴욕에서 나는 전체주의와 맞서는 데 평생을 보낸 공통점을 가진 뉴스쿨과 하벨의 특별한 우정과 인연을 알게 되었다.

걸출한 예술가인 그는 소비에트 공산주의라는 전체주의 괴물에
맞서 힘없는 시민들과 함께 '벨벳혁명'을 이끌었다. 이념적이고
폭력적인 반대가 아니라 채소장수 같은 소시민의 평범한 삶의
진리에 기초한 정치라는 그의 화두는 오늘날 더 큰 울림을
던진다.
뉴스쿨대학원의 골드파브 교수는 그와 평생의 우정을 나누며
그의 정치관을 '작은 것들의 정치'(politics of small things)라
이름 붙였다. 하벨은 21세기 작은 것들의 지구화인 소셜
네트워크 시민혁명 시대의 진정한 선구자이다.

나는 왜 그에게 위대한 리더라는 호칭을 붙이는가? 그는 단지
민주화를 이끈 시민운동의 지도자 역할에 그치지 않았다.
나아가 그는 시민의 대통령으로서 민주화 이후 민주주의
단계를 공고히 하였다. 오늘날 체코는 존 페퍼(John Feffer)
소장이 지적하는 것처럼, 유럽공동체의 일원으로서 그 어느
때보다 번영하고 있다.

물론 현실정치에는 언제나 어두운 그림자가 존재한다.
일각에서는 그가 냉혹한 현실 안보지형에서 얼마나 도덕적
외교의 철학을 구현했는지 의문을 제기하기도 한다. 하지만
민주화의 이행과 공고화라는 난제의 해결은 물론이고 나토
이후의 새로운 유럽 안보체제의 상상력을 제시한 그를
위대함이란 호칭으로 기억하는 것은 너무도 당연하다. 그는
오늘날 탈냉전시대 소프트 파워 혁명의 진정한 선구자이다.

나는 왜 그에게 위대함이란 호칭에 이어 정치가에게 다소

어색한 '아름다운'이란 호칭을 붙이는가? 난 경희대 조인원
총장의 인상 깊은 정치특강에서 처음 하벨의 필라델피아
연설문을 접했을 때의 충격을 아직도 잊을 수가 없다.

하벨은 이미 1994년 연설에서 근대의 낡은 문법에 사로잡힌
이들의 상상력을 넘어 지구와 우주에 뿌리내린 우리의
삶에 대한 자각을 절실히 호소하였다. 그리고 이 각성에서
시작하여 이웃과 인류와 지구생명체와의 공감으로 나아가는
'자기초월'의 문명을 제안하였다.
진정한 정치란 사소한 여론조사 결과만 반영하는 수준이
아니라 영화 〈아바타〉보다 더 위대한 통찰력을 주고 더
매혹적이어야 하지 않을까? 그는 오늘날 영혼의 정치,
세계시민과 지구생명체 정치의 진정한 선구자이다.

2012년, 우리는 대전환기를 맞이한다. 마치 동유럽 시민사회가
탁월한 연극과 문학작품을 통해 전체주의 각본을 조롱하고
무너뜨린 것처럼, 지금 한국에서도 권위주의는 〈나는 꼼수다〉
등을 통해 조롱의 대상이 되고 있다. 하지만 조롱과 분노에서 한
차원 더 나아가야 한다. 하벨이 그러하였듯이 우리의 마음속에
밝고 따뜻한 성찰의 촛불이 켜지게 하고 아시아와 세계
시민공동체에 대한 영감으로 나아가야 한다.
우리는 언제 위대한 예술가이자 문명비평가이고 시민정치
대통령인 하벨 같은 지도자를 가질 수 있을까?

2011년 12월

근본적 질문이 빠진
기술주의의 위험성

2011년은 사이버대 교수로 있는 나에겐 그 어느 해보다도
뿌듯한 시기로 기억될 것 같다. 왜냐하면 요즘 들어 사이버
세상과 그 미래에 대한 주변 지식인들의 관심과 질문이
두드러지게 늘어나고 있기 때문이다. 아무래도 이는 아이폰
태풍에 이은 아이패드 열풍, 트위터 혁명 등 마치 과거 인터넷
혁명 초기시절의 영광이 다시 부활하는 것 같은 징후 때문일
것이다.
더구나 최근 하버드대학교 마이클 샌델 교수의 『정의란
무엇인가』의 폭발적 인기에 이은 그의 무료 온라인 동영상
강의가 큰 인기를 끌고 있어, 더 이상 사람들이 사이버교육의
의의를 부정하지 않는다. 역시 한국사회의 역동성은 현기증이
날 정도이다.

하지만 뿌듯하면서도 왠지 어딘가 미진한 느낌을 지울 수 없다.
왜냐하면 새로운 아이폰의 '어플'에 관해 질문하는 사람은
많지만, 이러한 놀라운 천지개벽의 명암에 대해 근본적인
질문을 던지는 이들은 많지 않기 때문이다. 예를 들어 이러한
'스마트 세상'으로의 발전과정에서 혹시 눈에 보이지 않지만
무엇인가를 잃어버리는 것은 없는가 하는 질문 말이다.

나는 "기술이 인간을 자유롭게 하리라"라는 멋진 광고를 볼
때마다 머릿속으로 질문을 던진다. 정말? 답은 '예스'이기도
하고 '노'이기도 하다.

군사무기였던 내비게이션까지 장착한 나의 자동차는 '길치'인
나에게 어마어마한 자유를 선사했다. 하지만 내 딸이 집 바로 앞
마트에 가려고 나의 팔을 주차장으로 이끌 때 난 뭔가 잘못되어
간다는 것을 느끼지 않을 수 없다.

어느 학자는 자동차는 도시를 파괴하고 청소년들의 성적
문란의 주범이라고 몰아붙이기도 한다. 난 제주도 올레길을
걸으면서 편리한 자동차가 때로는 나의 '몸성'을 어떻게 보이지
않게 파괴하였는가를 생생히 체험하기도 했다.

자동차 문명처럼 인터넷 문명의 선구자이자 중독자인 미국은
이미 오래전부터 사이버세상을 통해 무엇을 잃어버릴 수
있는가 하는 화두에 매진해 왔다.

예를 들어 미국의 석학인 드라이퍼스(H. Dreyfus)는
1999년부터 위험성과 불확실성이 제거된 사이버상에서의
안전한 체험이 진짜 삶의 체험을 대체하는 것이 과연
바람직한가 하는 철학적 화두를 제기해 오고 있다.

최근에는 트위터 등의 소셜 미디어가 인간의 자유를
급진적으로 확장할 것이라는 클레이 셔키(C. Shirky) 뉴욕대학
교수의 화두에 대해 미국 내에서 대논쟁이 벌어지고 있다.

진정한 자유는커녕 표피적이고 수준 낮은 결과물만 넘쳐흐를
것이라는 반론이 그것이다.

왜 우리는 이러한 근본적인 논쟁이 활성화되고 있지 않을까?

여러 가지 이유가 있겠지만 그중에서 대한민국의 지식인들이
생각할 시간과 마음의 여유가 없다는 것도 한몫하는 것 같다.
드라이퍼스는 혹시 사이버세상의 도래로 무언가 잃어버리는
것은 없을까라는 단 하나의 화두만을 가지고 지금까지 수많은
글을 써왔다. 그의 『인터넷에 대하여』라는 가벼운 책은 그
10년의 화두의 결과를 펼쳐내어 수백 가지 무겁고 의미심장한
질문들이 숲을 이룬다.

대한민국의 많은 지식인들은 일부 예외를 제외하고는 이러한
장인의 작업에 몰입하기에는 너무 다양하게 해야 할 일이 많고
현기증 나게 바쁘다. 나도 생각의 여유에 대한 이 글을 빠른
속도로 '생산'해 내고 있다. 장시간노동에 시달리는 시민들
속에서 일본처럼 아마추어 장인이 나오기도 어렵다.

최근 스티브 잡스 신드롬을 목격하면서 대한민국에는 근본적
반성들이 일어나고 있다. 경제계의 인문학 신드롬 등이 그러한
징후들이다. 하지만 어쩌면 더 급진적 변화가 필요할지
모른다. 근본적으로 생각하고 장인의 결과물을 만들어내는
사회로 변모하기 위해 노동시간 등의 경제구조, 유치원부터
대학원까지의 교육제도, 대학평가 시스템, 사회문화 등에서의
빅뱅이 필요할 것이다.
오늘도 트위터에 무심코 접속하면서 영 마음이 편치 않다.

2010년 10월

'빛으로 쓴 언어'와
바벨탑

지금 한국에서는 세계적 의미의 행사가 열리고 있다. 이것은
넓게는 지구공동체, 좁게는 대한민국이 2010년 이후 10년간의
아젠다를 고민하기 위해 반드시 참석해야만 하는 중요한
사건이다. G-20을 말하는 걸까? 선진국으로의 도약이라고
그토록 정부가 개최의미에 대해 자랑하고 있는 G-20은
11월에나 열린다.

박노해 시인의 '중동 사진전'이 바로 그 행사이다. 첨단
통역시설이 갖추어진 수천 평 규모의 국제회의장도 아니고
충무로 좁은 길의 50평도 안 되는 조그만 갤러리에 겨우 30점의
사진이 전시되어 있지만, 나는 진정한 세계화와 '선진국'의
꿈을 가슴에 담고 싶은 이들이라면 새해를 이곳에서 시작해야
한다고 생각한다.

예전에 한국에 들렀던 하버드대학의 세계적 지성인 호미
바바(H. Bhabha) 교수는 세계화의 진정한 기준은 수출이나
수입의 양이 아니라 외국인을 대하는 태도에서 찾아야 한다고
지적한 바 있다. 그의 통찰을 적용한다면, 당신은 이 사진들
속에서 세계화의 지수가 매우 높은 이방인들을 만나게 된다.

뉴요커나 파리지앵을 말하는 것이 아니다. 대신 70%가
실직자이고 휴경지인 중동 쿠르디스탄의 '2등국민' 쿠르드인이
사진에 등장한다. 영어 한마디 할 줄 모르는 그들이고 처절하게
가난한 그들이지만, 낯선 이를 보면 빵과 차를 들고 가라며
손을 잡아 이끈다. 바바 교수의 기준에 따르면 그들이야말로
세계화가 내면에 자리 잡은 이들이다.

나눔문화 연구원들이 따듯하게 건넨 샤이(중동식 홍차)를 손에
꼭 쥐고 사진 한 점 한 점을 보고 있으면 다년간 뉴요커로서
중동을 외눈박이로만 쳐다보고 살아온 나의 미개함이 절로
부끄러워진다. 내가 12월 31일에 이른바 세계의 중심이라 하는
뉴욕 타임스퀘어의 스펙터클을 보고 취해 있었을 때, 이 사진
속의 팔레스타인 사람들은 세계가 잊은 분리장벽과 이스라엘
검문소 앞에 서서 분노하며 새해의 의지를 다졌다.

이 거대한 분리장벽은 21세기 바벨탑이다. 통찰력이 가득한
영화 〈바벨〉은 인류가 오만하게 바벨탑을 세운 벌로 각각 다른
언어로 분열되어 소통에 어려움을 겪는 사태가 초래하였다고
지적한다. 어쩌면 이 분리장벽이야말로 지구공동체의 세계화
수준을 가장 솔직하게, 가장 압축적으로 드러내주는 지표가
아닐까 생각해 본다.

박노해 시인은 과거 80년대에 『노동의 새벽』이란 시들을
통해 대한민국 내의 분리장벽에 충격적인 도전장을 던진 바
있다. 그가 이번에는 '빛으로 쓴 시'를 통해 지구적 분리장벽에
과감하게 도전장을 던졌다. 이 분리장벽은 비단 팔레스타인

땅에만 박혀 있는 것은 아니다. 그가 한국어나 영어가 아니라
빛으로 쓴 시는 우리의 안과 밖의 바벨탑을 무너뜨리고
진정으로 지구 다문명공동체에 다가가는 세계어이다.

나는 이스라엘 검문소 앞을 무겁게 지나가는 팔레스타인
사람들 사진 앞에서 가족들과 함께 사진을 찍었다. 나눔문화
이상훈님의 설명에 따르면, 그 사진은 박시인의 절실한 눈빛을
보고 순간 옷으로 가려준 어느 팔레스타인 여인의 도움으로
촬영이 가능했다고 한다. 물론 그 여인은 곧 이스라엘 군인의
곤봉세례를 받아야 했다.

비록 우리 가족은 시공간의 차원에서는 그들과 함께하지
못하지만 그 사진전 덕분에 순간 영원한 지구적 연대감을
형성하였다. 진정으로 올해 멋진 세계화를 만들어가려면
우리들의 발걸음은 '눈물 흐르는 지구의 골목길'에서 시작해야
한다. 오! 피스(peace) 코리아!

2010년 1월

스티브
잡스의 배후

한국에서는 흔히 중요한 현상이 발생하면 배후의 음모를 찾곤
한다. 9·11테러에서부터 촛불시위, 최근의 도요타 사태에
이르기까지 어김없이 진정한 배후를 찾는다.
하지만 왜 아이폰으로 촉발된 스티브 잡스 신드롬에는
그러한 음모론이 등장하지 않는지 신기하다. 모두가 그의
탁월한 감성지능이나 천재성만 조명한다. 그래도 음모까지는
아니지만, 그의 배후에 있는 급진좌파를 이해할 때 그의 삶을
진정으로 이해할 수 있다.

눈치 빠른 분들은 누구를 말하는 것인지 이미 알아챘을 것이다.
그는 다름 아닌 애플의 공동 창업자인 스티브 워즈니악(S.
Wozniak)이다. 요즘 도요타 자동차의 가속기 페달 문제를
제기하여 언론으로부터 집중 조명을 받기도 한 그는 사실
도요타 사건의 배후가 아니라 스티브 잡스 현상의 배후이다.

애플 마니아들 사이에서 스티브 잡스 이상의 카리스마를 가진
워즈니악은 미국의 '마지막 해커'이자 애플 컴퓨터를 만든 천재
엔지니어로 잘 알려져 있다. 하지만 그를 단지 천재 발명가로만
묘사하는 것은 그의 핵심을 놓치는 것이다. 그는 돈이 주인 되는

세상이 아니라 우정과 나눔과 재미의 공동체를 꿈꾸는 영원한 급진주의자이다.

스티브 잡스가 제도권(자본주의 틀) 내 개혁가라면, 그는 길들여지지 않은 영원한 혁명가의 DNA를 가졌다. 그는 심지어 자신이 창업한 애플의 자랑인 아이폰의 미래에 대해서도 개방성의 철학이 부족하다는 이유로 신랄하게 비판하는 것으로 알려져 있다.

스티브 잡스는 워즈니악과 달리 급진주의자가 아니다. 하지만 그의 탁월함은 한때 워즈니악과 파트너십을 이룰 정도로 자신 속에서 급진주의와 자본주의를 절묘하게 결합했다는 것에 있다.

애플이 전세계적으로 신드롬을 일으킨 아이튠즈 뮤직 스토어가 바로 그 예이다. 영원한 급진주의자라면 음악을 무상으로 교환하는 공동체를 추구했을 것이고, 자본주의의 화신인 다국적 음반회사들이라면 이를 비싼 값에 계속 팔고자 했을 것이다. 하지만 스티브 잡스는 아이튠즈라는 온라인 허브를 통해서 이를 매우 저렴하게 공급하여 급진주의와 자본주의의 절묘한 융합에 성공하였다.
비유하자면 그의 영혼에는 자본주의를 극복하고자 한 마르크스와 자본주의를 부단히 혁신하고자 한 슘페터가 공존한다. 빌 게이츠가 영원히 스티브 잡스 뒤를 따라다니는 것은 그에게는 슘페터만이 존재하기 때문이다.

최근 한국에서는 스티브 잡스의 아이폰 신드롬에 충격을 받아

한국의 소프트웨어 산업과 교육의 후진성, 인문학 경시 풍토에 대한 자성의 목소리가 높다. 다 맞는 이야기이다. 하지만 1% 부족하다. 이것들만 혁신해서는 영원히 스티브 잡스의 뒤를 따라다닐 것이다. 그를 놀라게 하려면 워즈니악보다 더 급진주의적으로 상상하는 이들이 많아지고 그들이 재미있게 놀 수 있는 사회적 환경을 만들어야 한다. 동시에 워즈니악과 협업하며 지구적 자본주의의 미래를 주도할 스티브 잡스 같은 이들이 나올 수 있는 환경을 만들어야 한다.

바로 여기에 한국의 치명적 급소가 존재한다. 한국의 기업들과 주류 엘리트들이 그토록 혐오하고 대한민국 선진화의 걸림돌이라 생각하는 급진주의가 역설적이게도 스티브 잡스 혁명의 비밀이라니. 물론 여기서 급진주의(radical)라는 말은 워즈니악처럼 문제의 뿌리를 근본적으로 사고하는 것을 말하는 것이지, 북한체제를 긍정하는 봉건적인 좌파들을 말하는 것은 아니다.
요즘 인문학과 CEO의 결합은 바람직하다. 이제 더 나아가 급진주의와 CEO를 결합하자. 이를 선도적으로 실천하는 이가 향후 수십 년의 한국을 주도할 것이며 나아가 세계를 놀라게 할 것이다.

2010년 2월

정여립 올레길을
만들어야 할 이유

혹시 정여립을 기억하시나요? 중고등학교 시절 국사공부를
열심히 한 사람들은 기축년(1589)에 일어난 모반사건의
주인공이 아니냐고 답할 것이다. 영화광이라면 최근 이준익
감독의 신작인 〈구르믈 버서난 달처럼〉의 배경이 된 조선시대의
혁명가로 그를 기억할 것이다. 하지만 나처럼 학창시절에
공부를 게을리 했거나 요즘 영화를 챙겨보지 못하는
사람들에게 정여립이란 이름은 낯설기만 할 것이다.

그래서인지 어느 영화평을 보니, 이준익 감독이 전작들과
달리 시시한 역사적 배경을 바탕으로 영화를 제작한 배짱이
놀랍다는 식으로 냉소적으로 써놓기도 했다.
사실 그의 전작들은 역사적 배경과 제기하는 화두의 무게감이
굉장하다. 연산군을 배경으로 한 〈왕의 남자〉나 백제와
나당연합군의 전쟁을 배경으로 한 〈황산벌〉이 그러하다.
그렇지만 이 두 걸작도 〈구르믈 버서난 달처럼〉의 배경이
가지는 역사적 의미를 따라오지는 못한다고 감히 단언할 수
있다.
왜냐하면 정여립의 걸출한 활동과 비극적 피살이야말로 우리의
조상들이 얼마나 위대하였으며 동시에 얼마나 유감스러운

한계를 지녔는가를 생생히 보여주기 때문이다. 내가
학창시절에 본 국사교과서의 편협한 서술과 달리, 정여립은
조선 최초의 위대한 공화주의자(자의적 지배를 거부하고 모든
이들이 동등하고 자유로운 국가를 꿈꾸는 사람)이다.

김화성 기자의 『전주에서 놀다』(고즈윈)에 보면, 정여립은
"천하는 공공의 것(공물)인데 어찌 주인이 있는가" 하는
화두를 던지며 당시 왕조국가를 충격의 도가니에 빠뜨렸다.
그의 '공공의 것'이란 표현을 라틴어로 번역하면 공화국(res
publica)이 된다. 겨우 몇 년 전부터서야 민주공화국의 정의를
놓고 대한민국이 조금씩 공부를 시작했는데, 그는 이미 수백 년
전에 우리에게 가장 정확한 방식으로 의미를 규정해 준 셈이다.

하지만 그는 시대를 앞서간 죄로 비극적 최후를 맞이해야 했다.
당시 자의적 지배의 달콤한 안락감에 젖어 있던 특권층들에게
그의 사상과 실천은 불온한 바이러스였기 때문이다. 결국
그들은 터무니없는 역모죄를 뒤집어씌워 그와 주변의 의로운
선비들을 대거 피살하고 삼족을 멸하고 말았다.

동서고금의 역사는 공화국의 혼이 죽으면 반드시 부패와
몰락이 시작된다는 것을 보여준다. 로마 말기 보수
공화주의자인 키케로의 피살 이후가 그러했고, 1962년 미국의
진보 공화주의자인 로버트 케네디와 마틴 루서 킹 목사의 피살
이후가 그러했다. 정여립의 피살 이후에 조선도 극심한 당쟁과
부패로 몰락이 시작되었다. 그리고 아무 준비도 없는 상태에서
임진왜란이 발생했고 그후 더욱 쇠락해 가다가 결국에는

일본에 나라까지 빼앗기고 말았다.

나는 유학을 마치고 귀국해서 입버릇처럼 왜 우리에게는
키케로(로마)나 제퍼슨(미국) 같은 위대한 공화주의자들이
없는가를 한탄하곤 했다. 하지만 부끄럽게도 나의 서구
공화주의에 대한 부러움은 자신의 뿌리에 대한 지독한
무지에서 비롯되었다는 것을 이제는 알고 있다. 우리에게도
정여립이 있었던 것이다. 다만 그가 제퍼슨처럼 건국의 시조가
되지 못하고 피살된 불운이 있었을 뿐이다.

이 글을 쓰는 이유는 며칠 전 가족들과 함께 전주국제영화제에
다녀왔기 때문이다. 비록 난해한 영화로 인해 가끔 졸기도
했지만 우정과 환대의 도시에서 보는 독립영화들의 맛이란
서울의 멀티플렉스 영화관에서는 결코 경험할 수 없는
최고의 쾌락이었다. 이어지는 한옥길 순례와 막걸리 집에서의
소박하지만 동시에 풍족한 즐거움을 아직도 온몸의 세포는
생생히 기억하고 있다.

하지만 전주는 자신들이 가장 자랑스러워해야 할 것을 널리
알리고 있지는 못하는 것 같다. 바로 정여립이다. 이준익
감독을 초빙해서 정여립이 대동계를 만들며 더불어 사는
세상을 꿈꾸었던 천반산 올레길을 만들면 어떨까 상상해 본다.
지금도 여전히 며칠 전에 본 천반산의 품위 있는 자태가 눈가에
생생하다.

2010년 5월

3. 대한민국 진보에 대해 말하다

난 도저히 달콤한 말을 못하겠다
예방적 상상력의 문명으로
아직 도래하지 않은 위키노믹스의 시대
정의의 길로 비틀거리며 가다
기로에 선 진보정당의 미래`
옳은 것이 강한 것을 이긴다
나눔문화를 표절하라
올해는 영성의 정치 시대이다
'슈퍼스타K2'처럼
'꼴보수' 박노해와 드라이퍼스의 도전
모든 형태의 연좌제는 봉건적 야만이다

난 도저히 달콤한
말을 못하겠다

난 천성이 드라마 〈시크릿 가든〉의 오스카와 달리 달콤한 말을
잘하지 못한다. 그래서 요즘 불만 섞인 충고를 자주 듣곤 한다.
가족으로부터가 아니라 진보진영으로부터 말이다. 아무리
생각해도 내가 보기에는 2012년 진보가 의미 있게 승리하기
위해서는 더 충격적으로 비판하고 문제를 지적해야 하는데,
나를 걱정해 주는 사람들은 이제 그만하라고 한다. 나도 사실은
제일 하고 싶지 않은 말이 남에게 싫은 소리 하는 것인데.

물론 요즘 진보의 희망이 생기고 있는 것은 사실이다. 문성근과
김기식 씨 등의 다양한 시민정치운동이 시동을 걸고 있다.
최근 야권의 단일 무대를 절실히 염원하는 민심의 일단이
드러난 진보신당 당원조사 결과와 여기에 강한 충격을 받은
활동가들의 고민도 바람직한 징후이다.
민주당의 이인영 최고위원도 진정으로 승리하기 위한 민주당의
대담한 개방을 주문하고 나섰다. 국민참여당의 유시민
연구원장은 노동 친화적이지 못했던 참여정부에 대한 자성의
행보를 시작했다. 노동과 결합하지 않는 자유주의 정당이란
미래가 없음을 그도 잘 알고 있는 셈이다.

더 고무적인 것은 한 보수언론사가 매력적인 진보란
무엇인가를 보여주고 있는 조국 서울대 교수를 정면공격하기
시작했다는 것이다. 세계적인 저널의 글을 통해 학문적 권위를
가지면서도 공적 지식인의 책임감으로 정치를 바꾸고자 하는
그의 행보가 그들의 질투심과 불안감을 자극한 모양이다.

이런 희망적인 신호에도 불구하고 여전히 나는 배가 고프다.
올해부터 향후 10년을 더 인간적인 삶을 위한 진보의 시대로
만들기에는 가장 근본적인 토대인 매력적 진보문화와 상상력이
여전히 심각한 결핍상태이기 때문이다.

어느 정치세력이 집권할 수 있는가 하는 테스트는 사실
매우 간단하다. 과연 그 사회에서 매력적 상상력의 전위로서
인정받고 있는가의 여부가 핵심이다.
오늘날 미국 제도권정치와 자본의 영감은 많은 경우에
1960년대 진보 엘리트들의 문화혁명과 상상력에서 나왔다.
그리고 아래로부터의 정치를 사고한 오바마 선거혁명이나 최근
위키리크스로 시민언론의 새 장을 연 어산지(J. Assange)도
문화예술계나 기업, 제도권정치에 새로운 영감을 던져주고
있다.

일부 창조적인 시민운동가를 제외하고는 오늘날 한국의 현실은
정반대이다. 당신은 미래와 혁신을 상상하기 위해서 무엇을
하는가? 민주당과 민주노동당, 진보신당 누리집이나 당사를
방문하는가? 오히려 기업연구소나 미래학 서적들을 들춰보지
않는가? 당신은 새로운 문화적 감수성을 채우기 위해 어디에

가는가? 정당주최 행사에 가는가 아니면 홍대 앞에 가는가?
세계적 트렌드에서 뒤늦은 팔로어에 불과한 한국기업이나
벤치마킹하는 이러한 기이한 현실에 대해 수치심이나 위기감을
느끼고 대담하게 혁신하려는 진보 엘리트들을 한국에서
만나기란 참 어렵다. 사실은 그들이 딛고 선 토대, 즉 시민들의
문화적 감수성은 놀랍게도 진화하고 있는데 말이다.

현재 야권의 정당과 시민정치운동 들이 진정으로 승리를
바라는지 테스트해 보는 방법도 간단하다. 그건 그들이
선거연합, 단일정당, 대선후보 경쟁에만 정신이 쏠려 있는지
아니면 그와 동시에 시민들과 함께할 대담한 정치문화 개조
프로젝트를 가지고 있는지 여부를 알아보는 것이다. 2007년
말 이명박 대통령의 당선 직후 나는 한 언론사와의 대담에서
미국의 무브온과 같은 시민정치운동을 시작하자고 화두를 꺼낸
적이 있다. 그리고 작년에는 이 지면을 통해 진보진영 모두의
'슈퍼스타 K' 무대를 만들자고 제안한 바 있다.

요즘 추세를 보니 올해 얼마든지 이 두 가지는 가능할 수도
있을 것 같다. 하지만 그전에 먼저 진보진영의 새로운 상상력을
자극하기 위해 '진보TED'(새로운 아이디어를 위한 지식
콘퍼런스)를 만들었으면 한다. 기업들까지도 벤치마킹하기 위해
혈안이 되는 그런 진보만이 집권할 자격이 있다.
지금 문제의 우선순위는 야권 단일화 매뉴얼이 아니다.
상상력의 근육운동이 더 먼저이다.

2011년 1월

예방적 상상력의
문명으로

나는 아직도 하늘에서 비행기가 지나가면 섬뜩하게도 그 끝에
빌딩이 보인다. 과거 9·11테러 현장에 있었던 트라우마다.
도저히 상상하기조차 힘든 지금 일본의 대재난은 나의 오래된
심리적 상흔을 다시 일깨우고 있다.

당시 영화 시나리오로서도 너무 현실감이 떨어진다고
평가되었을 정도의 9·11테러 사태 후, 부시 정부는 이를
예방적 상상력 결핍으로 인한 실패라고 규정한 바 있다. 정확한
지적이다. 하지만 부시 정권은 어처구니없게도 농약이나
뿌리는 경비행기를 놓고 본토를 폭격하는 대재앙의 전조라며
예방적 군사독트린 상상력으로 이어갔다.
이 당시 진보주의자들은 예방이란 말만 들어도 몸서리를
쳤다. 하지만 당시 보수와 진보는 모두 예방의 진정한 의미를
성숙시켜 가는 데 실패했다.

오히려 제대로 된 상상력의 씨앗은 9·11테러가 발생하기 전,
앨 고어 민주당 대선후보 진영에서 나왔다. 그들은 '전진적
개입'이란 흥미로운 외교·안보 노선을 내놓았다. 그러나
당시 상상력이 결핍된 미디어와 지식인 사회는 이를 철저히

무시했다.

'전진적 개입'이란 위기가 시공간적으로 압축적으로 진행되는 21세기에는 위기의 맹아가 발생하기 전에 근원적으로 예방으로 바꾸어야만 한다는 통찰을 던지고 있었다.

사실 이러한 지혜는 이미 오래전 의료분야에서 사후 약방문이 아니라 예방적 서비스에 더 큰 인센티브를 주는 관점으로 제기되어 왔다. 이미 오래전부터 서구의 일부 선진적 기업들은 예방적 상상력을 가진 리스크 지능을 화두로 제기해 오고 있다. 오늘날 〈인셉션〉(Inception) 등과 같은 영화의 주된 테마가 시공간의 새로운 차원에 대한 인식인 것도 같은 흐름이라 할 수 있다.

하지만 정치권은 아직 위기 후 매뉴얼 대처 정도의 문제의식에 머물러 있다.

일본은 전세계에서 가장 매뉴얼이 정밀한 문명이라 할 수 있다. 하지만 지금 자연은 무자비하게 우리 문명의 가장 정밀한 성취에 대해 그 허약함을 테스트하고 있다. 결국 일본의 대재난은 이제 예측 가능한 사태에 대한 체계적 통제라는 근대적 매뉴얼의 시대에서 인간의 상상력을 넘는 사태를 상상하는 역설적인 발상이 가능한 시대로 진입해야 함을 강조하고 있다.

지금 인류는 적정 수준을 넘어선 기술문명에 대한 무지로 인해 인간의 미묘한 감응력에 금이 가는, 눈에 보이지 않는 재난에서 생태계 파괴 등 눈에 보이는 재난에 이르기까지 다차원의 위기를 만들어내고 있다.

유감스럽게도 선진국의 대다수 정부들은 이 심각한 위기 앞에서도 상상력과 감응력의 실패를 적나라하게 보여주고 있다. 진정으로 자연과 인간 스스로에게 겸허한 이들이라면 그렇게 쉽게 기존 원전정책의 고수를 단언하기보다는 모든 것을 다시 검토하고 새롭게 상상하는 성찰의 시간을 요구해야 할 것이다.

더 안타까운 것은 대한민국이 이런 지구적 시공간 차원에 얼마나 어긋나 있는지 적나라하게 드러나고 있다는 사실이다. 대한민국은 아직 사회 전영역에서 근대적 매뉴얼도 정착시키지 못한 주먹구구식의 후진적 사회이다. 거기에다가 현기증 나는 21세기가 만들어내는 불확실성에 대한 상상력과 예방적 감수성은 아예 꿈도 꾸지 못한다.
다시 말해 근대적 매뉴얼과 탈근대적 불확실성의 상상력 조직화라는 두 가지 과제가 동시에 우리 앞에 던져지고 있는 셈이다.

하지만 우리를 더 큰 대한민국으로 인도하시겠다는 대선 주자들의 내용을 들여다보면 21세기 문명의 새로운 특성에 대한 통찰이 담겨 있는 것을 발견하기란 어렵다. 그저 복지의 확대나 축소, 유러피언 드림과 아메리칸 드림의 평면적 대결 수준을 벗어나지 못한다.
과연 이 재난이 그들의 관성적 사고에 어느 정도의 파장을 던져줄지 아직은 의문스럽다.

니체는 왜 살아야 하는지 아는 사람은 그 어떤 상황도 견뎌낼 수 있다고 설파한 바 있다. 비록 너무도 고통스럽지만 일본을 다시 재건하면서 세계시민들은 이를 전세계 문명의 전환의 계기로 만들어야 한다. 단순히 원전정책 검토나 안전교육으로 의미를 축소해서는 안 된다.

전인류가 일본인과 함께 고통스런 삶의 의미를 새롭게 발견해 나가야 할 때이다.

2011년 3월

아직 도래하지 않은
위키노믹스의 시대

지난 2007년 대선을 앞두고 문국현 유한킴벌리 사장 쪽에서
만나자고 연락이 온 적이 있다. 만난 자리에서 당신들의 당면
목표는 당선이 아니라고 내가 운을 떼자, 그들은 당혹한
표정으로 나를 쳐다보았다. 이어 나는 기존 정치의 개념을
바꾸고 대선 패배 후 민주당을 혁신하여 2012년에 집권하는
것이 목표여야 한다고 지적하였다.
그날 고개를 수십 번 끄덕이던 문국현 사장은 그후 어리석게도
승리의 환상을 불나비처럼 쫓기 시작했다. 나는 결국 그가
대선후보를 선언하기 며칠 전 더 이상 무의미한 잔소리를
그만두었다.

그 당시 많은 이들은 당장 내일을 알 수 없는 척박한 한국
현실에서 장기적 시야를 이야기하는 나를 이상주의자라고
비웃었다. 하지만 최근에는 야권의 주요 인사들 중에서
바람직하게도 긴 호흡으로 2017년 대선을 준비하는 이들도
늘어나고 있다.

그런데 2012년 승리의 가능성이 커지자 일각에서는 이
중독증세가 다시 꿈틀거리며 살아나고 있다. 사실 지금까지

다윗이었던 박근혜 의원은 이제 골리앗이 되었고, 유사한 '진정성 정치'를 구사하는 경쟁자들이 등장하면서 서서히 위기를 맞이하고 있다. 앞으로 경제상황의 악화 속에서 그녀는 더 곤혹스러운 처지로 몰릴 것이다.

이에 따라 제반 정치세력들이 벌써부터 집권 이후 장밋빛 환상에 빠져들면서 손익분기점을 계산하고 있다. "1대 1 단일후보만 낸다면…."

하지만 단일후보의 장을 만들어내는 과정은 흥행이나 선거승리 이상의 더 큰 목표를 가진다는 측면을 너무 쉽게 잊는다. 그것은 집단지성의 협업의 관점으로 정당과 정치를 장기적으로 새롭게 재편하는 것을 의미한다. 그리고 각 정파가 서로 공존의 틀을 만드는 것도 중요하지만, 집단지성들 속에서 훈련되고 성장하게 제도적·문화적으로 디자인하는 것이 더 중요한 목표이다.

이것의 성공 여부가 대선 이후 '2013년 체제'가 지속 가능하냐 아니면 선거 직후 추락하느냐를 판가름할 것이다.

이러한 집단지성의 협업이라는 '위키노믹스'의 관점에 서게 되면 정치세력들 간의 선거연합 문제도 더 선명히 드러난다. 즉 단지 연합이 어려워서나 흥행이 보장되지 않아서만이 아니라 20세기 낡은 정파들의 위로부터의 엘리트 방식이기 때문이다.

한국 정치엘리트들의 문제는 자신들이 너무 훈련이 안 된 상태로 집권한다는 섬뜩한 사실을 아직도 잘 모른다는 데 있다. 예를 들어 대학개혁 문제만 하더라도 기존 엘리트들의 논의 수준으로는 누가 집권하더라도 의미 있는 결과를 만들어내기 어렵다. 놀라운 것은 대학생들의 현주소에 대한 심층적 조사 데이터조차 없으면서 자신들의 대안에 강한 확신을 가진다는 사실이다. 이는 복지, 노동, 환경, 정부규제 등 다른 쟁점들에도 비슷하게 해당된다.

집단지성의 협업은 이러한 문제들을 심층 분석하고 창조적인 대안을 함께 구성하는 과정이다.

결국 야권정치의 근원적인 이슈는 흔히 생각하는 것처럼 연합이냐 통합이냐가 아니라 '위키노믹스의 새로운 정치체제'를 만드는 것이다. 자꾸 통합은 어렵다면서 이른바 '엘리트'들 간의 연합을 이야기하거나 혹은 통합을 이야기하면서 사실은 엘리트들 간의 합의에만 관심을 가지는 이들은 결국 같은 이야기를 하고 있는 셈이다.

기존 20세기 정당의 틀은 놔두더라도 우선 이 집단지성의 새로운 지구적 플랫폼을 공동으로 만드는 것에 헌신하지 않는 이들은 다른 속셈이 있거나 혹은 21세기가 어떻게 작동하는지 전혀 이해하지 못하고 있음을 의미한다. 결국 그들은 역사의 뒤안길로 사라질 것이다.

2011년 6월

정의의 길로
비틀거리며 가다

칼럼 마감시간 때문에 일찍 현장에서 나와버렸다. 하지만
가슴이 너무 아프고 부끄러워, 차마 글을 못 쓰고 한 시간째 먼
곳만 바라보고 있다. 그곳은 천민자본의 일방적 정리해고에
맞서 186일째 고공농성을 하고 있는 김진숙님이 계신 85호
크레인의 방향이다.

그녀에게 따뜻한 위로 한마디는커녕 아예 입구에서 경찰의
차단벽에 가로막혀 돌아선 것이 너무도 가슴 아프다. 그녀는
35미터 고공에서 처절한 삶을 이어가고 쌍용 해고노동자들은
퉁퉁 부은 발로 연대를 위해 수백 킬로미터를 걸어왔는데,
겨우 몇 시간 걸은 발을 불편해 내려다보는 나의 뻔뻔함이 참
부끄럽다.

하지만 나를 가장 부끄럽게 하는 것은 한동안 나는 삶의
뿌리로부터 절연된 지식인 상태로 살아왔다는 사실이다.
김진숙님의 용접노동에서부터 KTX 노동자들의 감정노동과
농민들의 수확노동에 이르기까지 오늘날 우리 삶의 모든
뿌리가 천민자본에 의해 위협받고 흔들리고 있는데, 난 그저
눈을 감아왔다.

악수를 청하는 백기완 선생님의 눈을 차마 마주치지 못하면서

나의 가족은 부산의 김진숙님을 향해 가는 희망버스에 올랐다.
이는 곧 우리 가족의 삶의 뿌리에 다시 접속하고자 하는 여행의
시작이었다.

이번 희망버스는 단순히 주변부로 내몰린 노동자의 인권을
위한 지원투쟁이 아니다. 더 본질적으로는 우리 모두의
삶의 뿌리와 정의를 회복하기 위한 민주공화국의 운동이다.
민주공화국이란 우리 모두의 자유롭고 품위 있는 삶의 공간 그
자체이기에, 그 뿌리인 노동이 중심 아젠다가 되어야 한다.

그간 민주당과 같은 중도 자유주의 진영은 때로는 역량의
부족 때문에, 때로는 노동하는 이들의 주변화가 마치 21세기
트렌드인 듯 여기는 무지와 착각 속에서 자신들의 삶의 뿌리를
훼손해 왔다. 이제 삶의 뿌리와 정의의 복원을 위한 노동과
자유주의의 전면적 결합은 2012년 선거의 핵심적 화두가
되어야 한다. 정치통합 운동도, 전당대회도 이 핵심 이슈의
관점에서 그리고 또 고공 크레인의 현장에서 이루어져야 한다.

진보적 정치세력들에게도 희망버스는 중요한 시사점을
던져준다. 부산으로 내려가는 희망버스 안 '정치학 강의'에서
김세균 교수님은 시민들의 자발적 운동으로 태동한 이
희망버스 운동은 21세기 연대운동의 새 지평을 열었다고
평가했다.

내가 탔던 희망버스에는 1987년에 민중후보로 나섰던
백기완 할아버지부터 디지털 네이티브 세대인 1996년생

중학생까지 포함되어 있었다. 그리고 진보적 정당운동의
김세균 교수님에서 노무현 전 대통령을 위해 헌신해 온 노혜경
시인까지 다양한 스펙트럼이 포함되었다. 이 다양한 흐름의
접속은 전통적 노동운동에는 창조적이고 발랄한 자극을 주고,
반대로 중간층과 신세대 운동에는 깊은 무게감을 부여해 준다.

리 호이나키(Lee. Hoinacki)란 미국의 실천적 지식인은 삶의
뿌리와 연결된 지식을 평생의 화두로 삼았다. 그의 아름다운
삶의 여행궤적을 다룬 책의 제목은 "정의의 길로 비틀거리며
가다"이다. 사실 정의란 마이클 샌델 하버드대 교수의 세련된
책과 강의실에만 존재하는 것이 아니다. 오히려 정의란
비틀거리며 삶의 현장과 뿌리를 찾아나선 길에서 더 선명하게
모습을 드러내게 마련이다.

오늘도 김진숙님은 35미터 고공 크레인에서 강풍에 비틀거리며
정의와 인간에 대한 예의를 절규하고 있다.
서구에서는 21세기 자본주의의 미래는 장인노동자에게 있다고
하는데, 도대체 이 나라는 장인에 대해 예우는커녕 인간 이하로
대접하고 있다. 이제 그녀와 정리해고 노동자들을 흔들리는
고공과 거리에서 다시 삶의 단단한 현장으로 보내야 한다.
대신에 대한민국 모두가 비틀거리며 정의의 길을 찾아나설
때이다.

2011년 7월

기로에 선
진보정당의 미래

최근 진보정당들간의 통합을 둘러싼 혼란스럽고 격렬한 갈등을
바라보는 심정이 착잡하기만 하다. 왜냐하면 겨우 봉합되어
가는 그간의 해묵은 쟁점만큼 심각하고 새로운 쟁점이 갈등의
원인으로 등장했기 때문이다.
표면적으로는 이정희 민주노동당 대표가 유시민 국민참여당
대표의 진보주의 합의에 무게를 두고 당내 공존을 시도하는
것이 갈등의 전부인 것처럼 보인다. 이에 대해 조승수 진보신당
대표는 유시민 대표가 진보를 선언하더라도 사실은 자유주의
실천을 해왔다고 주장한다.

하지만 문제의 깊은 뿌리는 진보주의의 기준이 말과 문서냐
아니면 실천적 검증이냐가 아니다. 더 파고들면 '자유주의'에
대한 태도이다.
유시민 대표와 공존하고자 하는 이들 중에는 진보정당의
진보적 민주주의 비전과 실천이 진보적 자유주의와 얼마든지
어울릴 수 있으며, 이를 통해 연립정부로 가야 한다고
믿는 이들이 많기 때문이다. 반대로 공존을 거부하는 이들
중에는 설령 진보적 자유주의라 하더라도 당 안에 공존하면
자본주의의 틀을 넘어서는 진보의 실천에 방해가 된다고 믿는

이들이 많다.

오래전 서구 진보진영 안에서도 유사한 대논쟁이 있었다. 당시 샹탈 무페(Chantal Mouffe) 교수 등의 문제제기는 진보란 자유주의와 민주주의의 결합으로서의 민주공화국을 부정하는 것이 아니라, 이의 긍정적 토대 위에서 끊임없이 진보적으로 변화시켜 나가는 역동적 정치라는 점에 있었다. 다시 말해 자유주의자들이 추구했지만 실적이 보잘것없는 자유와 평등의 가치 자체를 부정하기보다는, 제대로 확장된 버전으로 실행하는 것이 진보라는 것이다.
결국 무페에게 진보란 슬라보이 지제크(S. Žižeck)와 같은 학자들과 달리, 자유주의와 질적으로 다른 것이 아니라 자유주의 축 위의 더 민주적인 이념이란 것이다. 그래서 무페는 스스로를 자랑스럽게 '자유주의적' 사회주의자(혹은 급진적 민주주의자)라 부르고 자유주의를 발전시킨 '협동조합 사회주의'에 호감을 표시했다.

스웨덴처럼 한국 진보주의자들이 긍정적으로 평가하는 사회민주주의 국가들도, 흔히 진보주의자들이 간과하지만 매우 자유주의적인 제도와 문화 위에서 작동한다. 반면에 5공시절 '민주정의당'에서 오늘날 '공생'에 이르기까지 건드리는 단어마다 오염시키는 한국의 수구나 신자유주의가 주장하는 자유민주 체제는 자유주의나 민주주의가 부재한 속 빈 강정이다.

사실 자유주의의 다원성, 견제와 균형 등의 가치는 진보가

더 민주적으로 발전시켜 민주공화국의 원리로 작동하게
해야 한다. 예를 들어 금융기관 내 지배적 지위 방지조처,
금융거래세, 고소득층에 대한 증세 등은 실행하기 쉽지 않지만
모두 자유주의적 범위들에 불과하다. 힘의 역관계가 극도로
불리한 한국에서 집권할 진보정당이 예외적 상황이 아니라면
이 정도의 자유주의 틀을 넘어 금융시스템의 국유화를 추진할
수 있을까?

결국 진보정당의 미래에는 세 가지 길이 놓여 있다. 룰라와
웰스톤과 네이더의 길.
브라질의 진보 대통령이었던 룰라(Lula da Silva)의 길은
진보주의가 자유주의 자체를 부정하는 것이 아니라 다양한
스펙트럼이 공존하는 통합 진보정당이나 연립정부를 통해 더
급진적으로 변모시켜 나가는 길이다. 이 길은 최종 종착점을
정하지 않고 부단히 자본주의의 한계를 극복해 나가는
방식이다.
진보적 상원의원 웰스톤의 길은 미국 진보주의자들이 당
구조와 선거제도의 혁신 없이 민주당의 중도적인 구심력
속에서 분투했지만 결국 미미한 역할에 그친 것을 말한다.
마지막으로 한때 미국 진보의 상징이었던 네이더(R. Nader)
녹색당 대표의 길은 중도적인 민주당 외곽에서 압력을
행사하지만 수권은 포기한 등대정당의 역할을 하는 것이다.
과연 한국의 진보정당들은 이 세 가지 길 중 어디를 선택할까?
진보정당과 대한민국은 지금 기로에 서 있다.

2011년 8월

옳은 것이
강한 것을 이긴다

진보적인 성향이 강한 사람들 중에는 인생을 잘 모르는 이가
많다. 나만 하더라도 집은 소유가 아니라 거주의 공간이라고
큰소리치며 '투자' 대열에 합류를 거부하고 전셋집을
전전하다가 노무현 정부 시절 최소한 5억 이상 손해를 보기도
했다.

하지만 철없는 나보다 더 인생을 모르는 이들이 그 당시
미국이나 한국에서 옳은 자가 강한 자를 이긴다고 믿는 것을
보고 놀라지 않을 수 없었다. 당시 미국과 한국의 시민들은 어떤
야비한 수단을 써서라도 실행력이 있는 '나쁜 남자'를 원했다.
그래서 평소에 좋아하던 박성민 정치 컨설턴트가 『강한 것이
옳은 것을 이긴다』는 책을 발간했을 때 무척 기뻤다.
이 책은 당시 무조건 진정성을 가지고 옳은 소리를 하면
대중들이 지지해 줄 것이라는 진보주의자들의 착각에 케이오
펀치를 날린 바 있다.

이제 나는 시대의 결이 두 전직대통령의 서거 이후 최소한
2012년까지는 옳은 것이 강한 것을 이기는 복수 드라마로
이행했다고 생각한다. 하나의 예에 불과하지만 폭발적

인기를 모으고 있는 드라마 〈제빵왕 김탁구〉에서 주인공은
도덕교과서처럼 착하고 무수히 당하면서도 바보처럼 웃는
남자이다.
사실 우리는 시대의 흐름에 따라 때로는 착하고 약한 김탁구를
좋아한다고 전화설문 조사자에게 응답하고, 실제로는 강하고
잘 나가는 구마준에게 한 표 꾹 누른다. 또 때로는 구마준
회사에 들어가려고 발버둥을 치면서 정작 투표장의 장막
안에서는 그의 낙선의 쾌감을 기대하며 전율하기도 한다.

현 정부도 이 시대의 결을 조금은 눈치 채기 시작했다. 친
서민노선과 코리안 드림 총리 만들기 프로젝트는 바로 김탁구
신드롬의 배경이 되는 시대의 결에 대한 강한 불안감에서 나온
것이다. 하지만 수십 년 자의적 특권지배의 상징인 구마준의
착한 남자 프로젝트가 드라마에서 번번이 실패하는 것처럼
섬뜩한 사찰, 위장전입과 쪽방촌 투기 스토리들은 부단히
정부의 프로젝트가 스스로 파괴되게 한다.

진보개혁 진영에서도 조금씩 시대의 결에 조응하는 현상이
나타나기 시작했다. 착한 남자 문성근이 많은 정치전략가들의
비웃음을 뒤로하고 야권 단일정당을 위한 '백만송이 국민의
명령'이란 운동을 시작했다. 그저께 만난 그는 비오는 거리에서
좌충우돌하면서 더 홀쭉해졌지만 눈빛만은 김탁구처럼 더
빛났다. 난 이 운동(www.powertothepeople.kr)이 한국판
무브온(moveon)인 시민정치운동으로 성장하길 진심으로
기원한다.

문제는 김탁구 신드롬에 담긴 의미를 잘 이해하지 못하는 일부 진보개혁 진영 엘리트들이다. 이들은 그저 좀더 진보적인 가치와 정책 아젠다를 경쟁적으로 선전하는 것에만 올인 한다. 물론 진보의 가치를 재정립하는 정당운동은 절대적으로 필요한 운동이다.

하지만 대한민국 정치문법의 가장 중요한 핵심은 사실 보수 대 진보의 대결이 아니다.

단지 더 진보적 가치를 내세우면 지지층이 결집한다? 그 가치가 진정성이 있는지를 어떻게 믿나? 혁신의 진정성이 있으면 우선 당부터 대중의 바다에 개방하려고 서로 경쟁하는 것이 먼저 아닐까?

더구나 자칫 잘못하면 지나치게 진보적이 되어 중도의 공간이 열린 사이에 대중적인 개혁적 보수가 파고들 수도 있다. 오히려 더 진보적으로 선회해야 할 아젠다와 합리적 보수를 아우를 중도적 아젠다를 잘 준별하고 통합하는 지혜가 필요하다.

더 중요한 것은 지금 문제의 핵심이 마치 김탁구처럼 누가 자의적인 특권에 치열하게 그리고 유쾌하게 대항하며 인간적 성숙과 매력으로 구마준 같은 정적마저도 감동시킬 수 있느냐이다.

진보적 아젠다는 이 커다란 문법 안에서 작동할 때 비로소 힘을 발휘한다.

무상급식 운동이 성공한 것은 시민들이 좌파라서가 아니라 4대강 사업에 돈을 쏟아 부으면서 정작 저소득층 아이들 가슴을 멍들게 하는 것에는 무감각한 특권체제에 분노해서이다. 이제

옳은 것이 강한 것을 치열하게, 그러나 유쾌하게 이기는 현실의
드라마를 공동으로 제작했으면 한다.
텔레비전 드라마 속에서만 울고 웃기에는 너무 허전하다.

2012년 1월

나눔문화를
표절하라

왜 대학교수가 공공연하게 표절을 선동할까? 물론 난 창조적
생산보다 검색, 복사, 표절의 단순 3단계 문화를 혐오한다.
하지만 한국의 '진보개혁' 정치 진영은 너무 윤리적인지 표절의
열정과 시스템이 없는 것이 오히려 큰 문제라고 생각한다.
단언하건대 제대로 표절하지 않고는 지금의 젊은 리더 경쟁의
미래는 극히 어둡다. 나눔문화 분들에게는 죄송하지만 우선
첫 작품으로 지구적 평화운동을 전개하는 나눔문화를 제대로
훔쳤으면 한다.

나는 오래전부터 진보정치의 부활을 꿈꾸는 세력들에게 이
단체(www.nanum.com)의 활동을 표절하라고 조언했지만,
반응이 없었다. 그러다가 2년 전 나눔문화는 촛불소녀
아이콘을 만들어내어 촛불시민들 사이에서 돌풍의 주역으로
등장했다. 그때 나는 드디어 본격적인 표절의 시대가 오겠구나,
예감했는데 그건 나의 순진한 착각이었다. 다시 최근 김예슬
연구원이 의미심장한 돌풍(대학거부 선언)을 일으켰는데
시민들 속에서의 심상치 않은 반응과 달리 다시 그들은
미지근하게 지켜보기만 했다.

매력적인 진보적 생활정치의 모델이 펄떡이며 성장하는데,
거기에 깊이 주목하지 않는 이들이 자기들끼리 통합하고 40대
브랜드를 내세우면 잘될까? 그들은 정말 진보적이긴 한 걸까?

나는 나눔문화를 알게 된 후부터 진보단체의 진정한 수준을
평가하는 핵심 테스트 방법을 배웠다. 그건 그 조직을 방문했을
때 사람을 맞이하는 태도를 보면 된다. 나눔문화는 긴 여행에서
돌아온 가족을 맞이하듯 진정성에서 우러나는 따뜻한 태도로
모두를 대한다.
인간주의적 철학의 진정성은 과도한 헌신성으로 나타난다.
조그만 행사 하나를 준비하는 것에서도 며칠 밤을 새워가며
방문하는 손님 한 분 한 분에게 드릴 조그만 선물꾸러미를
세심하게 만드는 것을 보면 마치 지난날 크리스마스가
다가오면 정성어린 카드 만들던 시절이 생각난다.

제대로 된 정당이라면 그곳에서 삶의 지혜를 배우고 즐기는
공동체이어야 한다. 나눔문화의 일상은 소박한 철학이 담긴
밥상과 자연주의적 삶, 영혼을 깨어나게 하는 음악이 흐르는
속에서의 명상과 주옥같은 강연, 그 다음 우정 어린 뒤풀이가
아름답게 어우러진다.
이러한 공동체에서 성장하는 대학생 간사들은 모두 마치
성숙한 교육자 같다. 난 그곳에 차를 몰고 중학생 딸을 '모시고'
갔다가 대학생 간사에게 자식을 의존적으로 키운다고 혼쭐이
났다. 세상에, 명색이 대학교수 경력 7년인데 학생에게 야단을
맞다니….
얼마 전에는 대학거부를 선언한 김예슬 연구원이 책을 통해

나와 같은 대학교수들에게 정신 차리라고 죽비를 들었다.
진보정당은 이런 공동체와 간사들을 만들어낼 수는 없을까?
이러한 단단한 삶의 지반 위에 선 나눔문화의 지구적
평화운동은 깊이 있는 울림을 가진다. 그저 번지르르한
진보담론이 아니라 치열한 실천의 용광로가 벼려낸 내실 있는
가치이다. 오랫동안 박노해 시인은 아무도 알아주지 않고 또
도대체 몇 년이 걸릴지도 모르지만, 중동의 사선을 넘나들며
지구적 연대와 나눔의 공동체를 만들어왔다. 이런 치열한 노력
없이 그저 몇몇 지식인들의 글을 조합한 새 진보담론으로
2012년을 기대하는 것은 너무 욕심이 과한 게 아닐까?

현재 화두가 되는 진보부활의 해법은 간단하다. 정말 이를
간절히 원한다면 나눔문화와 같은 실험을 철저히 표절하고
혁신해서 더 매력적인 삶이 살아 숨쉬는 정당을 만들면 된다.
나는 재미없는 정치인 행사와 달리 나눔문화와 스티비 원더
콘서트 사이에서는 어디를 갈지 잠시 고민한다. 원래 정치란
재미가 없고 칙칙한 것이니까 어쩔 수 없는 것일까? 천만에.
미국의 젊은이들에게 오바마의 선거캠페인은 가수 비욘세의
콘서트와 비교해도 충분히 선택의 고민을 제공한다.

제발 한국의 '진보개혁정당'들은 우리에게 어려운 선택의
고민거리를 던져주셨으면 한다. 아니면 가슴 뛰게 하는 단어인
진보라는 말을 쓰지 말든지.

2010년 8월

올해는 영성의
정치 시대이다

휴, 이번 순서의 칼럼에서는 또 뭘 쓰나? 그냥 평소 말하고
싶었던 영성의 정치에 대해 써볼까? 학교일로 파김치가 된
몸으로 귀가하면서 칼럼 주제를 생각하다가 나도 모르게
무엇에 홀린 듯 방금 전 선물로 받은 책의 첫 장을 넘긴다.
평소 존경하는 선배인 김상준 경희대 교수가 교양전담기구인
후마니타스 출범을 준비하는 그 바쁜 와중에 번역하여 책으로
펴낸 『유쾌한 감옥』이다.

어, 이럴 수가! 다름아니라 이 책은 우연히도 지금 나의
머릿속을 스쳐가는 생각처럼 '잃어버린 마음' '잃어버린
영성'에 대해 커다란 화두를 던지고 있었다. 왜 김선배와 나는
둘 다 비슷한 시기에 영성에 필이 꽂혔을까? 더구나 그와
난 민주화운동 시대를 살아온 세대로서 지금까지 개인적
영성이 아니라 사회구조를 바꾸는 데 헌신했고 둘 다 특별히
종교적이지도 않은데 말이다.

하지만 김선배의 역자해제는 나의 의문에 명징한 답을 주고
있었다. 현실을 외면하고 눈을 감는 것은 영성이 아니라고 그는
말한다. 반대로 이 탐욕스러운 사익과 야비한 권력 그리고

고삐 풀린 자본의 현실을 가장 깊이 대면하는 현장에서 영성은
피어오른다고 지적한다. 그 모순점과 싸우는 과정에서 그들을
닮아 얼굴이 분노로만 일그러지기보다는 "인간 내면의 정화의
촛불"을 태우는 것이 바로 영성이라고 말이다.

글쎄, 4대강과 정치사찰 이슈 등 당장 눈앞의 삶과 자유가
무너지는 급박한 상황 앞에서 무슨 신비롭고 계룡산 도사
같은 말일까? 하지만 지난해 시민들이 마이클 샌델 하버드대
교수의 『정의란 무엇인가』에 열광했던 것이 그저 민주에 대한
열망일까? 더 깊게는 건전한 사익이 아니라 야비한 사익 추구와
자유의 짓눌림 그리고 소셜 미디어의 현기증 나는 속도감과
얇은 관계 속에서 의미 있는 삶, 잃어버린 영성을 찾고자 하는
순례자의 마음이 있었던 것은 아닐까?
탐욕과 불의, 속도와 가벼움의 시대를 경험한 미국도 영성을
계룡산 도사 취급하던 시절이 있었다. 용기 있게도 힐러리
클린턴이 유대인 랍비 마이클 러너와 함께 영성과 '의미의
정치'를 공론화했을 때 그녀는 다음날 미디어의 조롱대상으로
전락했다.
하지만 그 경박한 미국도 탐욕과 불의가 깊어지자 음과 양의
변증법처럼 오히려 영성에 대한 갈구가 증가했다. 2008년 버락
오바마 후보가 경제위기의 와중에서 힐러리보다 더 계룡산
도사 같은 말을 쏟아냈을 때 이제 누구도 웃지 않았다.

당시 오바마 대 매케인의 싸움은 단지 시민들의 공동체를
추구하는 진보 대 국가주의자 보수, 보편적 복지 대 선별적
복지의 대결만은 아니었다. 더 중요하게는 우리 안의 영성을

일깨우고 함께 더 좋은 삶을 위해 투쟁하는 매력적 진보 대 잃어버린 국가의 영광, 다시 오지 않을 고도를 기다리는 (육체적 나이가 아니라 정신이) 노쇠한 보수의 대결이었다.

한국도 정확히 마찬가지이다. 만약 지난 대선에서 영성과 의미의 정치를 주장했다면 생뚱맞게 들렸을 것이다. 하지만 2012년은 굉장히 다를 것이다. 현시대의 지독한 어두움은 촛불운동처럼 우리 내면의 밝은 빛을 다시 타오르게 하기 위한 단련기일 뿐이다.

지금 시대의 과제를 단지 복지나 민주, 정권교체로만 생각하는 이들은 더 깊고 넓게 향후 10년의 전망을 보아야 한다. 지금 시대정신은 단지 위험한 국가주의나 겉모양만 진보주의인 것을 넘어 각 개인과 공동체가 잃어버린 마음과 영성의 촛불을 다시 환하게 켤 것을 요구한다. 깊은 마음과 영성의 토대가 부실한 정치는 공허할 뿐이다.

나는 마이클 샌델의 『정의란 무엇인가』보다 김 선배가 번역한 『유쾌한 감옥』이나 리 호이나키의 『정의의 길로 비틀거리며 가다』를 훨씬 더 좋아한다. 샌델의 책은 미국식의 친절한, 그러나 인공적인 길 같고 나머지 두 사람의 책들은 순례자의 거친, 그러나 더 삶에 가까운 올레길 같다. 세계사적 대전환기를 맞이하는 향후 10년은 결코 평탄한 길이 아니다. 하지만 비틀거리며, 그러나 유쾌하게 정의의 길로 걸어간다면 대한민국의 밝은 미래가 기다리고 있을 것이다.

2011년 1월

'슈퍼스타 K2'처럼

이 글을 읽으시는 분들은 이번 추석 가족모임에서 가장 큰
화젯거리가 무엇이었을지 무척 궁금하다. 우리 집은 단연코
'슈퍼스타 K2'였다. 미국 '아메리칸 아이돌' 프로그램을
벤치마킹한 아마추어 가수들의 서바이벌 게임 프로를 말하는
것이다. 무려 143만의 시민이 가수지망생으로 참여한 이
프로그램은 케이블 텔레비전 사상 최초로 12%대가 넘는
놀라운 시청률을 기록하며 마치 태풍과 같이 대한민국을
강타하고 있다.
그저께 가족모임에서 나의 아버지는 아침방송에서 이명박
대통령이 보인 눈물을 이야기하고 싶어하셨고 동생은 장관
딸의 특채파동에 대한 분노를 쏟아냈지만, 가족 모두가
압도적으로 눈물과 분노를 공유한 주제는 다름아니라 '슈퍼스타
K2'였다.

왜냐하면 이 프로에는 우리의 삶과 시대의 결이 가장
압축적이고 흥미로운 방식으로 녹아 있기 때문이다.

불과 얼마 전에 돌아가신 아버지에게 노래를 들려드리지 못한
안타까움, 저주스럽기까지 한 지독히 가난한 삶 등 저마다
절절한 사연들이 녹아들어 있는 그들의 노래는 듣는 이의

가슴을 마치 저미는 듯하다.

평범한 외모와 '스펙'을 가진 그저 그런 사람에게서 '소름이 돋게 하는' 기막힌 노랫소리가 울려 퍼져나올때 우리는 저절로 그 사람의 광팬이 된다. 또 한편으로는 어차피 승자독식의 서바이벌 게임인 걸 뻔히 알면서도 오직 '일등주의'에 몰두해 있는 참가자들을 볼 때면 우리의 가슴속에는 저주의 불꽃이 타오른다.

이 감동과 저주의 감정이 이입되어 때로는 우리의 얼굴이 환해지고 또 때로는 흉하게 일그러지는 것을 이 프로의 기획자와 전문가 패널들은 얄밉게도 너무 잘 알면서 흥행의 마법을 연주해 나가고 있다.

이 시리즈를 다 시청할 시간이면 정치학 전공책 한 권은 족히 보았을 텐데, 난 그래도 후회하지 않는다. 왜냐하면 이 프로는 일반적으로 정치란 무엇인가, 구체적으로는 진보주의는 어떻게 정치를 해야 하는가를 진보개혁정당 정치가들보다 더 잘 이해하고 있기 때문이다.

우선, 이 프로는 이른바 2등 브랜드가 어떻게 1등 브랜드와 경쟁해야 하는지 그 노하우를 잘 보여준다. 왜 대한민국 최고의 가수들이 참여하는 지상파의 명품 프로들이 있는데 굳이 수고를 마다않고 케이블의 한 채널을 찾아가야 하는지 그 이유를 이 프로는 감동적인 '시민가수'의 개방적 콘테스트를 통해 명확히 보여주고 있다.

이것을 정치에 응용하자면 한나라당 내 이른바 대권주자들

서바이벌 게임 프로만 보면 2012년 미래를 다 알 수 있는데, 굳이 다른 정당들 프로를 왜 보아야 하는지 이유를 선명하게 보여주어야 한다는 이야기이다.

둘째로, 이 프로가 시청자들을 빠져들게 하는 가장 큰 힘은 시민가수들의 노래 그 자체가 아니다. 오히려 더 중요한 것은 그 노래에 스며들어 있는 그들의 삶이다. 특권층 아들딸이 아닌 지극히 평범한 사람들의 우정 어린 경쟁 속에 절실한 코리안 드림이 있기에 그들 노래는 더 감동적이다.
지난해 '슈퍼스타 K'에서 대한민국 최고의 프로가수 이효리를 노래로 울린 시각장애인 참가자 팀이 바로 그 예라고 할 수 있겠다.

아직도 진보개혁 진영의 정치가들은 어떤 진보적 노래를 만들 것인가에만 정신이 팔려 있다. 정작 중요한 것은 어떻게 하루하루 인생을 살아가는가 하는 것인데 말이다.

이 프로는 진행방식에서도 전문가와 개방성의 적절한 결합으로 성공하고 있다. 예리하게 아마추어 가수들의 한계를 파고드는 전문가 패널들은 역시 내공 있는 장인이란 어떤 것인가를 유감없이 보여주고 있다.
시민들은 이러한 전문가들 평가를 참조하면서도 또 그들의 과도한 전문가주의나 주관성을 견제하며 스스로 균형을 잡아나간다.
많은 경우 정치의 진정한 장인도 아니고 그저 자기들 세계 정치의 활동가들만으로 이루어지는 평가로 후보자들을

선출하는 진보개혁 정당들은 도대체 '슈퍼스타 K2' 프로보다
어떤 점이 더 나은지 묻고 싶다.

각 '진보개혁' 정당들이 개별적으로 '슈퍼스타 K' 프로를
만들어내기는 어렵지만 최소한의 진보에 대한 진정성이 있다면
조만간 '슈퍼스타 K 시리즈 공동기획단'이라도 출범시켰으면
하는 바람이다.
다음 추석의 최대 화젯거리가 무엇이 될지 벌써부터
궁금해진다.

2010년 9월

'꼴보수' 박노해와
드라이퍼스의 도전

세상에, 누구보다도 가장 치열하게 자본주의 문명의 한계를
넘어서고자 한 박노해 시인이 왜 '꼴보수'인가? 그런데 그는
어느 언론과의 인터뷰에서 자신은 급진주의자이면서 고향,
전통, 아날로그 등을 늘 생각하는 '꼴보수'라고 커밍아웃을
했다.
사실 그는 '진보적' 문명의 이기인 디지털카메라와 컴퓨터
대신에 '보수적' 아날로그 사진기와 펜으로 시를 쓴다. 25일까지
세종문화회관에서 열리는 '빛으로 쓴 사진전'은 1980년대에
『노동의 새벽』이라는 시집으로 대한민국을 뒤흔든 박노해가
21세기에 들어서서 다시 우리의 고정관념에 던진 도전장이다.

만약 박노해가 비유적 어법으로 자신을 '꼴보수'라 표현한다면
세계적 철학자인 휴버트 드라이퍼스(H. Dreyfus)도 그렇게
표현할 수 있을지 모른다. 오래전부터 인공지능의 한계를
통찰력 있게 지적하여 세상을 뒤흔들었던 그는 최근에는
인터넷 문명의 한계에 대해 근본적인 질문을 던지고 있다.
새달 4~5일 경희대에서 열리는 몸과 문명을 주제로 한
국제학술대회에서 진행될 그의 강연도 박노해처럼 우리의
고정관념에 던질 도전장이다.

이번 가을 박노해와 드라이퍼스의 화두는 다음의 질문으로
요약될 수 있다. 과연 첨단기기들이 더 인간적인 시간을, 더
심오한 시대정신을 창조했는가? 혹시 우리는 인간존재와
아날로그적 사고에 대한 인문적 통찰을 자꾸만 지워가는 것은
아닌가? 과거 〈퀴즈쇼〉라는 영화에서는 〈골든벨〉 같은 단답형
질문에서의 암기왕 등극을 자랑하는 아들에게 아빠가 묻는다.
"그 텔레비전 쇼는 인생의 의미에 대해서도 묻니?" 마찬가지로
오늘날 트위트질(트위터 하기)은 상호간에 인간적 교감을
수행하고 있는가?

세상에, 사이버대학 교수이자 아이패드를 손에 넣었다고
어린애처럼 즐거워하는 '얼리어답터'인 내가 사실은
첨단문명에 대해 의문을 가지는 '꼴보수'라니. 하지만 나는
사이버대학이 그저 첨단기기를 이용한 메마른 공부가 아니라
가장 인간적이고 가장 대학다운 미래대학을 선도할 것을
꿈꾼다.

박노해와 드라이퍼스의 질문은 지금 전환기 한국의 미래에
너무도 중요하다. 한국의 주류 보수주의는 그저 3D 텔레비전을
만들고 국외의 슈퍼인재만 수입하면 스티브 잡스를 이길 수
있다고 믿는 것 같다. 정작 한국의 교육과 공동체와 장인의식은
이미 오래전부터 해체되어 가고 있는데, 보수는 근본을
질문하고 장인의 전통을 지키자고 절규하지 않는다. 한국이
우습게 보는 선진국들은 바로 박노해나 드라이퍼스 같은
이들의 근본을 파고드는 질문이 사라지지 않고 오랜 기간
숙성되기에 미래를 선도할 공력도 가진다.

한국의 주류 진보주의는 그저 진보의 확대만을 고민한다. 지금 과제는 단지 진보의 확대가 아니라 기존 문명에 대한 근본적 도전인데 그저 기성 문명이 짜놓은 틀에서 분배와 교육을 고민한다. 진보동네에서 오바마 화법 따라 하기는 유행이지만 정작 그가 깊이를 가진 '진정한 보수'임은 잘 모른다. 하지만 오바마는 전통, 아날로그, 영성 등을 항상 치열하게 사색해 왔다.

2012년 총선, 대선을 향한 보수와 진보의 대결은 이미 시작되었다. 하지만 이 두 진영은 2012년의 과제가 그저 진보담론의 수용이나 확대가 아니라는 점을 잊고 있다. 좀더 큰 시야로 보면 한국사회는 더 나은 문명을 위한 급진적 혁신과 진정한 보수의 모순적인 과제를 동시에 요구하고 있다. 스페인 캄페르(캠퍼)사 경영자의 말을 빌리자면 "소박하면서도 풍요롭게 삶을 즐기는 것"이 지금의 시대정신이라 할 수 있다. 소박하게란 첨단기술주의에 맹목적으로 몰입되지 않고 전통, 농민, 생태와 아날로그를 존중하는 삶을 상징한다. 풍요롭게란 현대문명의 이기를 적절히 활용한 정신적 · 물질적 진보를 상징한다.

2012년, 유권자들은 누가 더 이러한 비전과 실천에서 매력적인가 하는 판단기준을 가지고 중요한 선택을 할 것이다. 지금 한국의 보수와 진보는 이에 대한 문명의 대안모색과 삶의 실천을 통해 준비해야 한다.

2010년 10월

모든 형태의 연좌제는
봉건적 야만이다

연좌제의 이념적 색깔은 무엇일까? 보수인가 진보인가?
연좌제가 과거 군부 권위주의 시대에 민주인사들에게 잔혹한
고통을 주는 도구로 사용되었다는 의미에서, 이는 당연하게도
보수의 색채를 지니고 있다고 생각할 수 있을 것이다. 나의 지인
중에는 형이 진보운동을 하다가 해직교수가 되어 동생의 취업
길에도 장애가 생겨 한동안 가족 모두가 고통을 겪었던 이도
있다. 이런 이야기를 요즘 신세대들에게 전하면 어이없어할
것이다.

이것은 단지 오래전 어두웠던 시절의 흉터만이 아니다. 불과
몇 년 전에도 노무현 정부의 한 인사는 일부 보수신문으로부터
조상의 이력 때문에 심한 공격의 대상으로 전락하기도 했다.
진보인사들은 도덕적 기준도 높아야 할 뿐 아니라 어떻게
생긴지도 모르는 조상의 이력까지 책임져야 하는가?

그러나 연좌제는 이념을 전혀 가리지 않는다. 흔히 박근혜
전 대표에 대해 일부 진보 성향의 논객들이 아버지 박정희의
원죄를 지적하는 것이 대표적이다. 어떻게 독재자의 딸이
21세기 민주화시대에 정치활동을 할 수 있는가 하는 논리이다.

아직까지 한국사회는 상대 정치진영에게 모욕을 주는 '다른 수단의 정치'로서 기이한 봉건적 논리가 초당적으로 지배하고 있는 셈이다. 나의 중학생 딸이 여러 해가 지나 자기 아빠의 과오에 책임을 져야 한다는 생각을 하면 소름이 돋는다.

하지만 얼마 전 기분 좋은 소식을 보게 되었다. 『친일인명사전』을 발간한 민족문제연구소의 박한용 연구실장이 진보적 견지에서 박정희 전 대통령의 친일행적의 엄중함을 지적하면서도, 연좌제를 연상시키는 박근혜 전 대표에 대한 부당한 공격에는 반대하고 나선 것이다. 평소에 보수와 진보 이전에 인간적 가치나 민주공화국의 원칙을 주장해 온 나로서는 그의 용기 있는 발언을 쌍수를 들어 환영하고 싶다.
이러한 뒤틀린 봉건적 행태들은 단순히 우스꽝스러운 소극(笑劇)으로 그치지 않는다. 더 중요한 것은 문제의 본질을 흐리게 하는 위험한 발상이라는 점이다.

현재 박근혜 전 대표에게 대한민국의 시민들이 물어야 하는 것은 아버지의 행적이 무엇이냐가 아니다. 더 중요한 것은 과거, 현재와 미래의 그녀의 활동과 소신이 이미 지나간 과거의 패러다임으로부터 어느 정도 자유롭냐 하는 점이다. 왜냐하면 지금 이른바 '묻지 마 성장'에서 '지속 가능한 성장'으로 대전환하는 엄중한 국내외 지형에서 이는 대한민국의 미래가 달린 문제이기 때문이다.

반면에 박근혜 전 대표는 현재 벌어지고 있는 지속 가능하지

않은 성장노선들과 자신이 얼마만큼 다른지를 단지 말이
아니라 분명한 실천으로 옳길 때 비로소 부당한 공격으로부터
본질적으로 자유로울 수 있다. 특히 대한민국의 더 나은 삶의
질의 미래를 위해서가 아니라 일부 '토건족'을 위한 건설경기
부양 노선은 그 리트머스 시험지일 것이다.

이러한 중요한 아젠다의 견지에서 보면 지금 박근혜 전
대표에 대한 일각의 시대착오적인 공격은 진보나 보수를
넘어 초당적으로 방어해야 할 문제이다. 세계적으로도 이러한
초당적 사례는 많다. 미국의 저명한 좌파 지식인인 촘스키는
유럽의 극우인사가 홀로코스트의 역사적 사실을 부정했다는
이유로 처벌받은 것에 대해 항의투쟁을 조직하여 논란을
일으킨 바 있다.
그는 왜 그런 야만적 주장을 하는 극우인사를 변호하는가라는
질문에 대해 그와 같은 사람조차도 표현의 자유는 보장받아야
한다고 지적하였다. 즉 표현의 자유를 수호하는 것은 진보와
보수를 넘어서서 민주공화국의 전통을 지키는 가장 중요한
과제인 것이다.

이제 대한민국의 미래를 놓고 진보와 보수는 본격적인 가치와
노선 경쟁을 벌여야 한다. 하지만 이를 가로막는 봉건적
잔재들에 대해서는 초당적으로 힘을 모아야 할 것이다.

2010년 3월

4. 이 땅의 보수들에게

강남좌파론의 숨겨진
이론과 목적
그리고 의도하지 않은 결과

왜 강남좌파란 단어가 2011년 유행하게 되었을까? 이
트렌드에는 어떤 이론과 문법이 숨어 있는 걸까? 왜 모욕적일
수도 있는 강남좌파란 낙인이 찍힌 사람들은 오히려 이를
영광스러운 브랜드로 수용하는 걸까?
이런 질문들에 대해 깊이 생각하지 않으면 우리는 이 담론을
즐겨 애용하는 이들의 숨겨진 이론과 정치적 전략에 쉽게
낚이게 된다. 심지어 이 논쟁에 가담하는 주체들도 앞의
질문들에 대한 고민이 없으면 자신의 의도와 무관한 결과에
휘둘리게 된다.

강남좌파란 소득수준은 높으면서(강남으로 비유됨) 진보적
가치를 지향하는(좌파로 규정됨) 이들을 말한다. 2011년 이
강남좌파론 그룹에서 첫 견제구 대상이 된 것은 서울대 조국
교수였다. 그런데 놀랍게도 그는 "나를 강남좌파라 불러도
좋다. 우리 사회가 더 좋아지려면 강남좌파가 많아져야 한다"고
맞받아쳤고 이후 뜨거운 논쟁거리가 되었다(『한겨레』 2011. 7.
21). 이어 본격적인 전투는 안철수 교수, 박원순 변호사에 대한
강남좌파론의 공격으로 전개되었다.

이 강남좌파론 그룹의 대표선수는 흥미롭게도 서로 어울릴
것 같지 않은 보수언론과 개혁적 지식인인 강준만 교수이다.
물론 강준만 교수는 이 논쟁을 집대성한 『강남좌파론』에서
이 정의의 장단점을 나열하고 있지만, 그의 전체적 결론은
강남좌파론의 이론적 효용성에 기울어져 있다. 실제로
그는 이후 신간 『인물과사상』에서 "안철수, 박원순은 [실제
삶의 양식과 추구하는 가치가 괴리된-인용자] 강남좌파 현상의
절정"이라며 이 이론을 적용하여 원색적으로 비난을 퍼붓는다.

강준만 교수의 이론적 시도는 사실 처음이 아니다. 이미 그는
노무현 정부 시절 『인물과사상』을 통해 이 이론의 체계화와
공론의 필요성을 밝힌 바 있다. 그 당시 집권진영의 이른바
'386'인사와 한나라당 개혁파들에 대해 보수언론들이
집중적으로 사용한 무기가 바로 강남좌파론 혹은 '오렌지
보수'였다.

강준만 교수는 나아가 이 강남좌파론이 단순히 한국적
현상이 아니라 전세계적 보편성을 가지는 현상임을 신간에서
잘 지적하고 있다. 예를 들어 미국의 리무진 리버럴, 여피
좌파, 영국의 샴페인 사회주의자. 프랑스의 캐비어 좌파라는
표현들이 대표적이다.

한편 이 책은 깊이 있는 이론적 정리라는 측면에서는 아쉬운
점이 많다. 예를 들어 강준만 교수는 미국판 강남좌파론을
단순히 선거과정에서 동부 아이비리그 기득권에 대한 정치적
공격 수준이라고 정리하고 있다.

하지만 미국판 강남좌파론은 매우 정교한 이론과 체계적인 정치전술을 갖춘 빼어난 논리라는 것을 이해할 필요가 있다. 미국 신보수주의의 걸출한 이론가인 어빙 크리스톨(I. Kristol) 등은 근대 자본주의의 발달을 분석하면서 교사, 교수 등 고소득 사무직과 전문직 종사자들을 신계급(new class)이라 칭하고 이들을 서민의 삶으로부터 유리된 새로운 기득권으로 낙인찍었다. 그리고 보수는 서민의 진정한 대변자로서 이들 새로운 엘리트들을 강하게 공격하는 보수 포퓰리스트가 되어야 한다는 정치전략을 제공하였다.

당시 신보수주의자들의 분석은 미국 자본주의의 발전과 새로운 엘리트의 등장에 불안감을 느끼는 퇴행적 세력들에게 매력적으로 다가왔다. 특히 이 이론은 뉴딜시대의 진보주의 기간 동안 개혁파들의 위선과 서민 삶과의 괴리를 부각시키고 이후 레이건 신보수주의의 정치세력화에 큰 공헌을 하게 된다. 이 이론과 정치전술 그리고 맥락을 이해하고 나서 현단계 한국사회를 들여다본다면 한국의 강남좌파론을 보다 선명히 이해할 수 있다.

우선 강남좌파론에서 좌파라는 단어는 한국 정치지형에서 매우 왜곡된 시사점을 가진다. 미국에서 리무진 리버럴이란 자본주의 체제 내에서의 개혁파에 대한 공격의 논리였다. 그러나 한국에서 강남좌파론은 우파에 대비되는 상대적 개념으로 사용하고자 한 강준만 교수의 의도와 달리, 극우주의자들이 개혁파를 반체제 좌파로 규정하는 논리로 사용된다. 흔히 보수언론이 강남좌파로 분류하는 박원순,

안철수 등은 좌파라기보다는 민주공화국을 추구하는
자유주의(혹은 공화주의적 자유주의)의 가치와 감수성을 지녔다.

한국에서 보수진영이 극단적으로 왜곡하고 좌파진영이
거부감을 표시해 온 자유주의의 가치는 오늘날 많은 발전을
거듭해 견제와 균형, 정의와 동등성, 공정한 시장경제,
시민참여의 정치와 경제 등 민주공화국을 위한 건강한
자원을 가지고 있다. 사실 한국에서의 오해와 달리, 서구적
발전과정에서 자유주의는 중도우파에서부터 유럽식
사회민주주의까지 이념적 폭이 넓고 다양하다.

한국의 보수언론들이 좌파의 대표 이론가로 분류하는 최장집
교수가 2011년 12월 한국정치학회 연례학술대회 발표문에서
진보적 자유주의의 가치를 복원해야 한다고 강조한 것도 이와
궤를 같이한다. 안철수와 박원순도 넓게 보면 이러한 다양한
색조가 담긴 자유주의 자장 안에 있는 이들 중 한 사람들이다.
그런 점에서 이들은 "체제를 넘어선 변화가 아니라 체제의
정상적인 확립을 요구한다"(『한겨레』 2011. 8. 2)는 이택광
교수의 분석이 강남좌파론보다 더 설득력을 가진다.
결국 강남좌파론은 이들이 지니고 있는 체제 정상화 혹은
민주공화국에 대한 상식의 회복이라는 가치와 감수성을
학문적으로 엄밀히 이해하는 데 실패하고 그저 정치적
반대파들의 어법으로 기능할 뿐이다.

이 강남좌파론은 또한 부유한 지역에 살거나 고소득인 사람이
현실의 비정상적인 정치·사회·경제 체제를 비판하는 것을

모두 좌파적이라고 규정하는 논리의 단순 비약으로 연결될
수 있다. 이명박 정부에 대한 비판에는 좌파적 경향과 합리적
보수주의 등 다양한 스펙트럼이 섞여 있다. 이를테면 과거 미국
오바마 민주당 후보를 지지하고 공화당 정부를 진정한 보수가
아니라며 반대한 저명한 보수주의자인 콜린 파월 합창의장이
좌파가 아니라 합리적 보수주의자이듯이, 한국에서도 그러한
이들을 강남좌파라고 단순하게 규정할 수 없다.
강남좌파란 규정은 이러한 다양한 색조를 깊이 분석하고
구별하기보다는 그저 쉽게 일반화하는 오류를 범하고 있다.

더 나아가서 강남좌파론의 심각한 문제는, 현실은 기존의
교과서적인 좌와 우의 이분법을 넘어서고 있는데 이론은 미국
70년대 낡은 신보수주의 논리에 머물러 있다는 점이다.
오늘날 미국에서 빌 게이츠 등과 같은 이른바 강남부자는
기존 시장 만능주의적 자본주의의 한계를 넘어서고자 하는
문제의식을 가지고 '창조적 자본주의론'을 통해 이를 시도하고
있다. 다른 한편으로 프레드 블록(F. Block) 등 저명한
좌파운동가 출신 석학은 시장에 대한 거부감을 넘어서서
혁신적 자본주의론을 통해 국가와 시장, 대학의 창조적 협업을
강조하고 있다.
이러한 자본주의의 변화와 이의 적극적 이론화 시도를
오히려 근대시기 자본주의 변화에 대한 불안감을 표현한
신보수이론으로 재단하는 것은 시대착오적이고 낡은 정치적
어법이다. 한국에서도 빌 게이츠와 프레드 블록과 같은 현상은
강하게 나타나고 있다.

새로운 기업가와 시민운동의 상징인 안철수와 박원순은
시장과 국가의 이분법을 넘어서는 시민경제론을 추구하고
있다. 프레드 블록처럼 기존 좌파운동 출신인 조국 교수는 낡은
진보의 교과서 대신에 창조적인 진보이론을 추구하고 있다.
강남좌파의 좌파론은 이러한 새로운 현상들을 담아내기에는
매우 불완전한 그릇이 아닐 수 없다.

강남좌파에서 좌파란 개념만큼이나 강남이란 상징적 비유도
비과학적이고 위험한 정치적 문법을 내포하고 있다. 왜냐하면
부자는 모두 우파이고 가난하면 모두 좌파인 것이 정상이라는
기계적 경제결정론을 전제하고 있기 때문이다. 경직된
우파에서는 강남좌파론을 내세워 부자는 모두 우파이어야
한다고 선동한다. 경직된 좌파에서는 강북우파론을 통해
서민은 모두 좌파이어야 한다고 선동한다.

이들은 자신들에게 불리한 정보는 애써 은폐한다. 경직된
우파는 강북의 우파들은 당연시한다. 경직된 좌파는 강남의
좌파들은 당연시한다. 다만 내부의 헤게모니 싸움이 필요할
때만 경직된 우파와 좌파는 각각 강북우파 혹은 강남좌파를
비난할 뿐이다.
예를 들어 경직된 우파 입장에서는 가난한 서민 출신인 홍준표
한나라당 전 대표가 좌파와 싸울 때는 당연한 존재이지만
내부 권력투쟁에서는 그 정체성 때문에 불편한 존재이다.
다른 한편으로 강남 8학군 출신인 이정희 전 민노당 대표는
경직된 좌파입장에서 볼 때 우파랑 싸울 때는 동지이지만 내부
헤게모니 투쟁에서는 그 출신성분이 의심의 증거가 된다.

강남이라는 비유는 미국에서 그러하였듯이 한국에서도
정치적으로 매우 효과적인 보수 포퓰리즘으로 기능한다.
미국과 한국은 보수와 진보를 떠나서 특권층에 대한 분노나
질투의 감정이 매우 강한 나라이다.
이러한 나라들에서 강남좌파론의 극단적 버전에 따르면,
좌파는 모든 경제와 문화자본을 급진적으로 포기한 금욕주의적
간디나 테레사 수녀만이 진정한 자격이 있다. 나머지 평범한
'강남좌파'들의 삶은 얼마든지 정치적으로 쉽게 공격의 대상이
될 수 있다. 그래서 평론가 황승현은 "달동네 우파가 세상을
원망하지 않고 대신 좌파를 증오하게 만들어 좌파화되는 것을
저지하려는 살뜰한 배려"(『경향신문』 2011. 11. 15)라고 이
정치적 논리를 예리하게 간파하고 있다.

이러한 정치적 전술을 구사하는 그룹의 속내를 들여다보면,
마치 미국의 강남좌파론이 그랬듯이 새로운 경향에 대한
불안감과 정치적 위기감의 그림자가 깔려 있다. 보수언론들은
이를 태연히 숨기는 반면에 강준만 교수는 보다 솔직하다.
그는 "사회적 지위에 따른 발언권이 강하고 참여욕구가 강한
강남좌파가 과잉 대표될 가능성"을 지적한다(『한겨레』 2011.
8. 2). 그리고 그는 박원순 등 강남좌파 출신 시민운동가들은
건강하게 시민운동에 남아 있기보다 애초부터 정치권력을
장악하려 한 정치가들이라고 맹비난한다. 심지어 강준만
교수는 수염을 자르지 않고 서울시장 후보출마 장소에 나온
박원순 변호사의 그 동기는 안철수를 압박하기 위한 고도의
정치행위였다는 희한한 분석까지 내놓고 있다.

엄밀한 학문적 분석을 훨씬 넘어서는 이 같은 원색적 분노와
추론은 심리적 불안감이나 낡은 감수성에서 비롯되었다고 보는
것 이외에는 설명하기 참 어렵다. 이들 강남좌파론의 시선은
기존의 지역 혹은 계급의 눈으로는 설명하기 어려운 자유로운
세대의 전면적인 등장, 시장과 국가 또는 시민운동과 정당 등의
이분법을 넘어서는 가치와 시민정치가의 출현에 대한 부적응의
징후를 보여주는 것이다.

흥미로운 것은 이러한 새로운 경향을 위선이라 낙인찍고 싶은
강남좌파론의 불안감과 욕망과 달리, 전혀 의도하지 않은
효과가 발생하고 있다는 사실이다.
즉 미국에서 이른바 강남좌파론은 그 당시 개혁적
자유주의자들을 기득권으로 낙인찍는 데 성공했던 것과 달리,
오늘날 한국 현실에서 이것은 오히려 매력적인 아이콘으로
다가온다는 사실이다. 이를테면 라틴아메리카의 대표적
좌파 체게바라가 구체제의 보수와 진보의 눈에는 반체제
인사로 보이지만, 오늘날 젊은이들은 마치 스티브 잡스의
아이패드처럼 새로운 쿨한 브랜드로서 소비하는 것과 같다.
한마디로 강남좌파가 급진성과 '치명적 매력'이 결합한
쿨(Cool)한 정치감수성의 상징이 되어버린 것이다.

이 강남좌파론은 한국사회의 많은 이슈논쟁들의 낡은 문법을
반복한다. 즉 외국의 담론들의 이론적 사유체계, 정치문법,
역사적 맥락을 치밀히 연구하지 않은 채 21세기 한국에 그대로
수입할 때 생기는 부조화와 의도하지 않은 결과의 패턴 말이다.
오늘날 기존의 낡은 지식생태계와 새로이 탄생하는 현실

사이의 큰 간극과 대혼란은 앞으로 한동안 지속될 것이다.
이 과도기를 거쳐 새로이 만들어질 시대는 바로 강남좌파론
같은 낡고 경직되고 정치적으로 건강하지 않은 이론의 퇴조를
지향할 것이다. 강남좌파론의 유행이야말로 우리가 낡은
시대의 문법의 틀과 새로운 것의 탄생이라는 대혼돈 속에서
여전히 살아가고 있음을 생생히 보여주는 징후라 할 수 있다.

물론 강남좌파론은 영원히 소멸하지 않을 것이다. 왜냐하면
과거에도 그랬듯이 정치엘리트들의 위선과 이를 효과적으로
활용하는 진보와 보수의 포퓰리즘은 언제나 우리 곁에 살아
숨쉴 것이기 때문이다. 다만 시대에 따라 다양한 색조를 띠며
부활할 것이다. 한국에서 강남의 시대가 가면 강남좌파론 대신
용산좌파론 혹은 분당좌파론이 나올 것이다.

중요한 것은 그 이론의 배경, 정치문법, 그 시대에서의 효과를
언제나 정확히 생각해야 한다는 사실이다. 그렇지 않으면
우리는 스스로 생각한 대로 행동하기보다는 강남좌파론이
원하는 대로 생각하고 행동하게 된다. 비단 우리만이 아니라
아마 강남좌파론자도 스스로 원했던 의도와 때로는 다른
결과에 자주 놀라게 될 것이다.

2011년 12월

어느 진정한
보수주의자의 죽음

며칠 전 신문을 펼쳐들다가 낯익은 사진이 눈에 들어오면서
가슴이 꽉 막혀왔다. 평소에 존경해 오던 성균관대 김일영
교수님이 지병인 암으로 세상을 떠나신 것이다. 이념적으로는
나와 생각이 많이 다른 분이지만, 나의 거친 생각에도 언제나
따뜻한 미소로 대해 주시고 다른 시선에 대해서 공감을 표현해
주시던 그분의 환한 얼굴을 떠올릴 때마다 가슴 한 구석이
저려온다.

내가 처음 그분을 이론적으로 주목하게 된 것은 한국사에 대한
그분의 저명한 보수적 해석 때문만은 아니었다. 많은 이들이
지금은 잊었겠지만, 포퓰리즘 현상에 대한 그분의 탁월한
통찰력은 이후 관련분야를 연구하는 학자들에게는 물론이고
현실정치에 빛나는 영감을 던져주고 있다.
사실 그간 한국에는 포퓰리즘 개념을 단순히 인기
영합주의로만 이해하는 인상비평 수준의 빈곤한 해석이 주로
존재해 왔다. 하지만 그분은 이러한 차원을 넘어 정치에서
포퓰리즘 개념이 가지는 위치, 대중의 복합적 심리 등에 대한
깊이 있는 통찰로 나를 매료시켰다.

동시에 그분은 진정한 '공적 지식인'(public intellectual)이었다.
그분이 새로운 보수주의 비전을 실천적으로 추구하는 뉴라이트
운동의 선구자 가운데 한 분이라는 것은 널리 알려져 있다.
그분과 많은 보수주의자들의 이러한 노력은 마침내 이명박
보수 대통령의 당선으로 귀결되었다.

이제 본격적으로 권력의 과실을 누릴 만한 바로 그 시점인
2008년, 그분은 보수운동의 지나친 권력화를 추상같이
비판하며 뉴라이트의 죽음을 선언하여 세상을 놀라게 하였다.
맑은 영혼과 통찰력을 가진 사람만이 할 수 있는 그 용기 있는
선언은 그분의 공적 실천이 단지 정치권력만을 위해 정치에
참여하는 이른바 '폴리페서' 현상과는 차원이 다르다는 것을
우리에게 행동으로 보여주신 것이었다.

아마 성균관대학교 학생들은 무엇보다도 그분을 진정한
스승으로 기억할 것이다. 공적 지식인으로 바쁜 와중에도
그분은 결코 연구와 가르침을 게을리 하지 않았다. 그분은
암으로 고통을 겪으면서도 마지막 순간까지 전혀 내색하지
않고 수업에 충실한 것으로 알려졌다. 임종 직전까지도 수업을
지켜 화제가 된 미국 어느 교수의 사례처럼 우리에게도 이런
스승이 존재한다는 사실이 너무 뿌듯하다.

작년 그 화제가 된 발표장에서 그분은 자기성찰이 살아 있는
'지속 가능한 보수'가 필요함을 절실히 호소하였다. 그분은
이미 한국사회에서 다차원적으로 전개되고 있는 보수의 타락을
예견이라도 하신 것일까?

오늘, 신문을 펼쳐들고 다수당이 국회 상임위 위원장을
독식하는 체제로 개악하는 법개정을 집권당이 추진한다는
소식을 보면서 다시 그분의 얼굴이 눈앞에 떠오른다.

나는 유학시절 미국정치를 가르칠 때마다 미국인들에게 항상
얇은 헌법책자를 흔들어 보이며 너희들이 소련을 이긴 비결이
무엇인 줄 아느냐고 묻곤 했다. 첨단 기술과 군사력이라고
대답하는 학생들에게 나는 단호히 고개를 내저었다. 정답은
바로 그 몇 페이지 안 되는 헌법책자에 숨겨져 있었다. 그
핵심은 다름아니라 다수와 소수가 서로 견제하고 균형을 잡을
수 있는 정교한 시스템에 있다. 의회 내에서 다수라고 모든
것을 밀어붙이는 것을 민주주의라고 생각하는 수준에서는 결코
위대한 보수주의는 나오지 않는다.

수많은 크고 작은 격변이 예상되는 2010년이 한발 한발
다가오고 있다. 지금이야말로 건강한 민주공화국을 염원하는
합리적 보수와 진보가 힘을 합쳐야 할 시점이다. 그분을
추모하는 1주기에는 이러한 분들이 거대하게 모여 대한민국의
지속 가능한 발전을 위해 새로운 전기를 마련할 수는 없을까?
내년에는 환한 미소의 그분 영정 앞에 떳떳하게 고개를 들고
싶다.

2010년 3월

합리적 보수의
시대를 위하여

개인적 사정으로 칼럼을 잠시 중단해야 하기에 그간 실렸던 글들을 모아놓은 폴더를 한번 열어보았다. 다양한 주제에 관한 글들에서 특히 내가 자주 언급한 것은 합리적 보수의 필요성이었다.

미국의 탁월한 개혁적 보수주의자인 존 매케인 상원의원이 미국정치가 우경화 물결 속에서 타락해 가는 것에 대해 안타까움을 드러낸 칼럼이 그런 문제의식을 표현하고 있다. 혹은 한국의 합리적 보수주의자인 고 김일영 교수님에 대한 그리움의 글도 나의 그런 바람을 담고 있다.

수십 년을 진보주의자의 정체성으로 살아오고 있는 내가 한국의 다른 진보인사들과 달리 진보진영을 자주 비판하고 합리적 보수의 필요성에 대해 언급하면서 그간 오해도 많이 받았다. 어떤 지인은 나에게 괜히 양 진영으로부터 공격받을 행보를 하기보다는 자신의 당파성을 분명히 하라는 주문을 하기도 했다.

하지만 나는 대학시절부터 과격한 진보주의 이념에 심취하면서도 동시에 위대한 보수주의자들의 연설을 들으면 가슴이 뜨거워지는 이중성을 지니고 있어서 앞으로도 오랜 세월 오해를 피할 길이 없을 것 같다. 다만 나 같은 DNA를 가진 소수자들도 더 관용하는 사회가 오기를 바랄 뿐이다.

나 같은 소수자의 입장에서 다행인 것은 최근 들어 좋은 징후들이 보인다는 사실이다. 예를 들어 진보주의 진영 내에서도 합리적 보수 성향의 인사들에 대한 호감도가 과거보다 크게 증가하는 것을 느낄 수 있다. 아마 현재의 지나친 천민적 보수주의 풍토에 대한 그들의 분노가 보수진영 자체를 미워하기보다는 명품과 짝퉁을 구분할 필요가 있다는 공감대의 확산으로 이어지고 있는 모양이다.
지금 초당적으로 추진되고 있는 토론종결법안이 제대로 정착되어 양 진영의 물리적 충돌이 아니라 토론과 논쟁의 의회 패러다임으로 변모한다면 이를 통해 제대로 된 보수와 천민보수의 구별도 더 분명해질 것이다.

나는 현단계 한국사회가 요구하는 핵심 과제는 건전한 보수와 진보의 파트너십이라고 생각한다. 왜냐하면 자의적 지배가 만연된 한국사회를 보다 자유롭고 정의로운 민주공화국으로 전환해 나가야 하는 절실한 과제는 보수와 진보 진영 모두의 공통된 열정과 힘을 필요로 하기 때문이다. 자의적 지배는 자유의 공기를 질식시키고 견제와 균형을 파괴하여 경제는 물론이고 인간적 삶을 망가뜨린다.

한국 보수진영 집권의 최고 공신은 뉴라이트 운동이지만, 내 생각에 이것은 최대의 실수이다. 왜냐하면 이 운동은 사실 미국의 합리적 보수 전통이 아니라 70년대 이후의 극우보수 운동(네오콘)을 모델로 하였기 때문이다. 나는 이 운동이 한국의 자의적 지배의 상징인 공정하지 않은 경제질서에 대해 강한 분노를 표출하는 것을 본 적이 없다. 결국 고 김일영 교수님의 안타까운 절규처럼 이 운동은 '지속 가능한 보수'를 만들어내지도 못하고 그저 권력을 포장하는 멋진 브랜드로만 작동하였다.

그들이 진정으로 벤치마킹해야 할 사람은 철지난 네오콘이 아니라 『뉴욕타임스』지의 저명한 보수논객 데이비드 브룩스(D. Brooks)이다. 그는 비록 지금은 후회하는지 모르지만, 지난 대선에서 진보 성향의 후보인 오바마에게 지지를 표명하였다. 왜냐하면 개혁주의 보수의 전통 위에 외롭게 서 있는 그는 당시 미국의 핵심 과제가 민주공화국의 재건이라고 보았기 때문이다.

더더욱 한국이야말로 이 과제는 이번 대선은 물론이고 향후 10년의 핵심 시대정신이다. 한국의 보수주의자들이 자기 진영 내에서 소수자가 되는 것을 두려워하지 말고 대대적인 합리적 보수 시민정치 운동을 시작했으면 한다. 그런 노력이 나중에는 누가 집권하든간에 민주공화국을 위한 초당적 시민운동기구로까지 발전되어 새로운 한국을 열어가는 동력이 되었으면 하는 마음 간절하다.

2011년 3월

루즈벨트의 당으로
변신하는 한나라당?

최근 흥미로운 현상이 벌어지고 있다. 한나라당 일각이 눈에
띄게 이념적 좌표를 좌로 이동하고 있는 것이다. 예를 들어
유승민 의원은 자신은 자유시장 경제를 신봉하는데 이번에
복지분야에서 전향을 하였다고 당당하게 고백하였다. 이에 당
일각에서는 한나라당 당권이 아니라 차라리 민주노동당 대표에
출마하라고 조롱을 퍼붓기도 하였다.
더 나아가 정두언 의원은 재벌은 북한의 세습체제를 능가하는
세습 지배구조라고 맹비난을 퍼부었다. 한나라당 자체도
정부와의 당정협의를 통해 대기업의 일감 몰아주기에 대해
증여상속세를 매기는 규제정책을 검토하고 있다. 만약 이
정책이 실행되면 이는 재벌계열간 내부거래를 실질적으로
규제할 수 있는 효과를 만들어낼 수 있을 것이다.

이러한 일련의 흐름에 대해 전통적인 보수진영에서는 당이
인기에 영합하는 속물정치로 타락했다고 비난하고 있고,
진보진영에서는 위선적 행태라고 평가절하하고 있다.
과연 이번 기이한 흐름이 단순히 2012년 총선에 대한
위기감에서 비롯된 일시적 해프닝일까 아니면 한국정치사에서
새로운 의미를 지니는 것일까?

나는 이번 흐름이 미국의 경우로 비유하자면 한나라당이
루즈벨트(32대 대통령 프랭클린 루즈벨트가 아니라 26대 대통령
시어도어 루즈벨트)의 당이 되느냐 골드워터의 당이 되느냐 하는
선택의 기로에 서 있는 의미를 지닌다고 생각한다.

미국 26대 대통령을 지낸 루즈벨트의 경우는 이른바 미국판
재벌체제를 규제하고 생태가치를 추구하면서도 안보에서는
강한 미국을 추구한 개혁적 보수정치의 상징이다. 두 차례
대선의 도전에 실패한 골드워터는 고삐 풀린 시장 만능주의와
강경 안보노선을 추구한 극우적 보수정치의 상징이다. 오늘날
미국 공화당에는 전자는 거의 다 박물관의 유물로 사라지고
후자만이 득세하고 있다.

사실 한나라당 일각에서 이들에게 민주노동당으로 가라고
조롱하고 있지만 원래 보수란 공동체의 안정과 균형을
추구하는 집단이다. 그러하기에 루즈벨트는 심각한 양극화에
위기감을 느끼고 탐욕스러운 독점기업을 규제하는 조치를
주도하였다. 심지어 그는 극단적으로 일그러진 힘의 균형을
시정하기 위해 노동자들의 힘의 강화를 추구하고 노동자와
협상을 거부하는 기업주에게는 경영권 몰수라는 협박까지
하기도 했다. 뿐만 아니라 그는 아날로그의 가치를 추구하는
복고적 보수답게 생태 대통령으로서 환경법안들을 만들었다.

지금 한나라당 일각의 흐름이 일시적 흥행 이벤트가 아니라
진정으로 루즈벨트 같은 개혁적 보수로 대접받으려면 일감
몰아주기 규제 정도에서 그치지 말고 민주공화국을 파괴시키는

재벌총수의 자의적 지배체제에 대해 근본적인 외과수술을 하는 노선을 취할 수 있어야 한다. 그리고 아날로그 가치를 추구하기 위해 4대강 등의 토건경제에 대해서도 강한 비판의 칼날을 겨누어야 한다. 심지어 노사간의 균형을 추구한 루즈벨트처럼 난쟁이로 전락한 노동자들의 권리를 강화시켜야 한다. 이 모든 것은 민주노동당 대표가 아니라 루즈벨트와 같은 정통 보수가 해야 할 일들이다.

지난 대선을 앞두고 한국의 보수진영은 미국식 뉴라이트 운동을 전개하여 재미를 보았다. 하지만 당시 뉴라이트 운동은 골드워터의 극단적 보수 이념에 근거한 시대착오적인 것이었다.
이제 한국에 양심과 지혜를 가진 보수가 있다면 진정으로 시대정신을 반영한 '뉴라이트' 운동을 전개해야 한다. 재벌체제 개혁과 생태정치를 위한 시민정치운동이 그것이다. 진보개혁 진영에서 지금 진행되고 있는 시민정치운동만 가지고는 부족하다. 보수도 이와 경쟁하며 건전한 시민사회 형성과 극우적 정당의 혁신을 추구할 수 있어야 한다.

하지만 미국에서 루즈벨트의 개혁적 보수는 결국 당의 기득권자들에게 밀려 1912년 그는 제3당인 진보당 후보로 다시 출마해야 했다. 이런 보수의 분열 속에서 민주당의 우드로 윌슨 후보가 승리하여 진보주의의 황금기를 열었다. 그리고 공화당은 이후 극우적 보수의 길을 걸어가고 말았다.
이 극우적 보수는 한때 레이건 시대를 열며 시장 만능주의의 화려한 영광을 누렸다. 하지만 그들은 신자유주의의 지구적 파산 속에서 결국 2008년 대선에서도 실패하고 미국 자체도 경제 대위기로 몰아넣고 말았다.

2012년 한국의 대선은 1912년 미국대선만큼이나 역사적인 선거가 될 것이다. 당의 다수가 기득권 체제의 안락함에 젖어 공동체가 파괴되는 것에 대해 위기감을 가지고 있지 않은 한나라당이 과연 루즈벨트의 정당으로 변신할 수 있을까? 만약 변신에 실패한다면 어떤 미래가 기다리고 있을까? 보수의 분열로 진보의 집권일까 아니면 개혁하지 않은 보수의 집권 후 경제위기 속에서 골드워터 노선의 대몰락일까?

과연 한나라당과 대한민국에 어떤 미래가 기다리고 있을지 매우 궁금하다.

2011년 7월

9·11과 촛불,
미국 공화당과 한나라당의 앞날
: 콜린 파월보다 러시 림보가 더 좋다면…

현재 한국의 한나라당을 대표하거나 혹은 상징하는 인물을
떠올린다면 당신은 누구를 선택하겠는가? 아마 당신의 이념적
색채와 무관하게 이상득, 박희태, 전여옥, 신지호 등의 인물들을
상위권에 포진시킬 것이다.

이들 가운데 어떤 이는 낡은 정치에 익숙하고 권력에 지나칠
정도로 집착하거나 순응하는 이미지를 가지고 있다. 또 어떤
이는 지나치게 품위를 결여하여 백봉신사상(白峰紳士賞)류를
수상하는 것과는 거리가 멀 것 같은 이미지를 가지고 있기도
하다.

이 질문을 미국의 공화당에 던졌을 때는 어떠한 답들이
나올까? 『프로그레스 리포트』(The Progress Report)에 따르면, 5월
10일 〈CBS〉 방송은 전 부통령 딕 체니에게 실제로 이 질문을
던졌다고 한다.

놀랍게도 체니 전 부통령은 매우 솔직하게 콜린 파월 전
합창의장보다 라디오 프로 진행자인 러시 림보(R. Limbaugh)를
공화당을 대표하는 사람으로 더 적절하게 생각한다고 속내를
밝혔다고 한다. 이것은 그의 선호도를 드러내 보이는 것일 뿐
아니라 현재 공화당 내 정치지형을 객관적으로 압축하고 있는

것이기도 하다.

콜린 파월은 민주당에서도 존경하는 합리적 보수주의의
상징이다. 그리고 러시 림보는 천박한 비속어로 노골적인
인종주의와 극단적 이념을 선동하는 극우 포퓰리스트다. 그는
오바마의 대통령 취임 이후 다른 공화당원들이 입조심하고
있을 때 태연하게 오바마 정부의 실패에 대해 큰 기대감을
표시해 모두를 아연하게 하기도 했다.
이 얘기들은 굳이 학문적 분석도구를 사용하지 않고도 지금
미국과 한국의 대표적 보수정당들이 왜 망가지고 있는지를
상징적으로 보여주고 있다.

물론 한나라당은 집권당이고 미국 공화당은 얼마 전 정권을
빼앗기고 들판의 야당 신세가 되었기 때문에 공통점을 생각해
보는 것이 무의미할 수도 있다. 하지만 지금까지의 공통된
궤적만 놓고 본다면 오늘날 공화당의 초라하고 곤혹스러운
신세는 마치 한나라당의 미래를 미리 보여주는 것 같기만 하다.

예를 들어 지금은 많은 이들이 잊어버렸지만 조지 W. 부시 전
대통령의 대통령 후보 시절 트레이드마크는 실용주의였다.
이것이 그리 틀린 말은 아닌 것이 그는 텍사스 주지사 시절에
이민개혁 등에서 다소 초당적인 태도를 취해 좋은 이미지를
구축한 바 있다. 하지만 9·11테러 등의 트라우마(외상 후
스트레스 장애)는 부시를 흡사 근대 초기를 연상시키는 극단적
천민보수 대통령으로 바꾸어놓았다.

버클리대학의 존 유 교수와 같은 유의 천민보수 법학(고문허용의 법적 기초를 제공)을 신봉하며 대통령은 원하는 것은 무엇이든 할 수 있어야 한다고 노골적으로 설파하기 시작한 것이 이를 상징적으로 잘 보여준다. 그러나 현실에서는 제왕적 대통령이 되기는커녕 오히려 조기 레임덕에 시달리며 미국 최악의 대통령 가운데 하나로 기록되고 말았다.

오늘날 한국의 이른바 실용주의 대통령 후보였던 이명박은 집권 후 촛불 트라우마 속에서 너무 일찍 천민보수의 대변자로 각인되었고 또 그만큼에 비례해 무너지고 있다.

그래도 부시 대통령의 공화당 내 정적이었던 존 매케인 상원의원은 마치 과거 흥선대원군처럼 몇 년간 숨죽이며 부시 따라 하기를 실천해야 했지만, 한나라당 내 이명박 대통령의 정적인 박근혜 전 대표는 이미 한나라당(과 민주당!)의 초당적 대통령 후보로서의 지위를 누리고 있다.

한나라당은 한국정치의 역동성이라는 광속열차에 탑승하면서 너무 빨리 공화당의 궤적을 향해 치닫고 있는 셈이다.

오바마 집권 100일을 맞이한 공화당의 현주소는 너무 암담하다. 오바마에게 충격적으로 패한 직후만 하더라도 공화당 근본 개혁의 목소리가 드높았다. 미치 매코넬(M. McConnell) 공화당 상원 원내대표 등 기성 강경보수 지도자들조차 히스패닉 계열과의 정치연합을 통한 새로운 노선을 강조하기 시작했다. 또 공화당판 오바마 만들기 열풍 속에서 흑인 출신 신예 마이클 스틸리(M. Steele)가 '링컨의 당' 재건을 내걸고 당 전국위원회 의장으로 당선됐고, 인도계

이민자 바비 진달(B. Jindal) 루이지애나 주지사가 스타로
떠올랐다.

하지만 점차 패배의 원인을 놓고 기이한 분석이 지배하기
시작하였다. 예를 들어 아메리칸 코즈(American Cause)라는
강경보수 단체는 공화당의 패배가 반(反)이민 태도를 보다
강경하게 견지하지 못했기 때문이라는 분석을 내놓았다.
이념의 흐린 안경을 쓰다 보니 공화당의 반이민 태도가
히스패닉계를 비롯한 이민자들의 이반을 가져온 것을 정반대로
해석하기 시작한 것이다.

그리고 오늘날 공화당 내 주류들의 모임에서는 소통방식의
문제가 가장 큰 화두로 등장하고 있다. 이는 오늘날 한국의
집권여당 내 주류가 천민보수 이념의 안경을 쓰고 양도세
등에서 보다 강경한 입장을 취하는 것이 마치 성공적 보수
정부를 만드는 것으로 착각하며 오직 소통방식의 개선에만
올인 하고 있는 것과도 흡사하다.
이에 발맞추어 '올드 보이'들은 다시 슬며시 자신들이 가장
자신 있는 무기를 동원하고 있다. 한국에도 널리 알려진 개념인
이른바 '다른 수단에 의한 정치'(politics by other means) 말이다.

오바마 당선 직후 초당적 정치의 시대가 왔다고 어색하게
선언했던 당파성의 화신인 뉴트 깅리치 전 하원의장은
경기부양예산법안에 대한 전투의 진정한 목적을 숨기지 않고
노골적으로 드러내고 있다. 즉 오바마 정부에 생채기를 내면서
동시에 공화당 집토끼들을 다시 이념전쟁으로 결집시키는 것

말이다. 『폴리티코』 2월 6일자에서 밝히고 있듯이, 그는 이
이념논쟁을 통해 "마침내 우리는 부활했다"고 무척 만족해하고
있다.

이들이 고대하고 있는 다음 전투는 대법원장 인준 투쟁이다.
이들은 이 전투를 통해 오바마 정부와 민주당 의원들을 극단적
좌파로 낙인찍으며 다가오는 중간선거의 토대를 단단히 다지기
위해 칼을 벼리고 있다. 물론 『아메리칸 프로스펙트』 5월
8일자에서 예리하게 지적하고 있는 것처럼, 16개의 상원의석이
걸린 중간선거에서 공화당의 결정적 도전에 취약한 민주당
상원의원은 해리 리드(H. Reid) 등을 제외하고는 거의 없지만
말이다.

한국의 집권진영도 자신들이 가장 자신 있는 집토끼 결집에
올인 하여 전방위적으로 뛰고 있다. 북한과의 대결적 노선이나
자신들 천민보수 노선에 동의하지 않는 사람들은 모두 좌파
혹은 범죄인으로 낙인찍는 익숙한 게임 말이다.
미국에서 올드 보이들의 게임과 달리 공화당 개혁의 선봉이
될 것이라고 기대를 모았던 인물들의 성적표는 현재까지는
초라하다. 『프로그레스 리포트』 5월 11일자에 따르면, 링컨의
당 복원을 내걸었던 전국위원회 의장 스틸리는 권력실세가
되기는커녕 당내 강경보수 진영의 눈치만 보고 있다.

물론 공화당의 자랑스러운 보수주의 전통을 아끼는 일부
개혁파들이 적절한 처방들을 내놓고 있기는 하다. 예를 들어
젊은 보수논객들이 『그랜드 올드 파티』(Grand Old Party)라는

신간에서, 공화당이 경제적으로 특권층의 대변에 머무르면
영원히 불임정당이 될 것이라고 강력히 경고하고 있다. 하지만
오늘날 러시 림보가 파월과 같은 합리적 보수에게 노골적으로
당을 떠나라고 말하고 있는 데서 알 수 있듯이, 이들은 별로
환영받지는 못하고 있다.

지금 한나라당에서는 초선인 김성식 의원을 비롯한 개혁파들은
『그랜드 올드 파티』의 저자들이 그런 것처럼 보다 합리적인
보수주의에 대한 제안을 하고 있다. 하지만 이들을 바라보는
기득권의 시선은 싸늘하기만 하다.

결국 체니의 바람대로, 공화당의 저명한 온건파 상원의원
스펙터(A. Specter)는 며칠 전 민주당으로 당적을 옮겼다.
일각에서는 정치철새라는 논란도 있지만 공화당 내 소수
온건파들이 1994년부터 지금까지 받아온 핍박의 세월을
생각하면 오히려 너무 늦은 감이 있다.

스펙터의 이탈로 공화당은 농도가 더 순수해졌겠지만, 오바마
진영은 공화당의 의사진행 방해를 저지하고 자신들의 진보적
아젠다를 속도감 있게 밀어붙일 가능성에 흥분하고 있다.
체니의 행보에서 보듯이, 자신들이 들어가 있는 구덩이를 더
깊게 파고 있는 것이 공화당의 현주소인 셈이다.

내가 공화당 전략가라면 차라리 뉴딜 진보주의 시대에 순응해
간 아이젠하워 보수 대통령처럼 콜린 파월과 같은 성향의
사람들 중심으로 공화당을 만들어 오바마 정부의 경제적

실수를 기다리든지, 아니면 보다 공세적으로 개혁 보수주의의
전형을 만들어간 시어도어 루즈벨트의 공화당을 만들겠다.
하지만 이 두 가지 카드 모두 오늘날 공화당 지형에서는 만화
같은 이야기이다. 앞으로 공화당은 보다 대대적인 논쟁과
재정립이 시도되지 않고는 미래가 없다.

공화당과 달리 집권당인 한나라당에도 앞으로 정치지형의
큰 변화 속에서 스펙터와 같은 이가 나오게 될까? 박근혜 전
대표의 운명은 매케인 의원과 같을까, 아니면 다를까? 미국보다
훨씬 흥미로운 미래가 우리를 기다리고 있다.

2009년 5월

소통을 원한다고?
시장 갈 시간에 의원들을 만나라!
: 오바마의 '의회제일주의'와 MB의 '의회무시주의'

한국의 국회는 파국 직전인데, 6월 9일자 『뉴욕타임스』
일요판에 실린 버락 오바마 미 대통령과 의회의 관계에 관한
특집기사를 읽고 있노라니 한숨이 절로 나왔다.
두 나라 다 같은 대통령제를 택하고 있고 둘 다 선진화를
지향한다고 하면서 이른바 '여의도'와 '캐피탈 힐'에 대한
대통령의 대접이 이토록 극단적으로 다를 수 있다니 말이다.

국회는 비록 교착상태지만 이명박 대통령이 최근 '서민 행보'를
시작한 것에 대해 조심스러운 기대감을 보이는 시각도 있다.
하지만 바로 이러한 변화의 행보야말로 현재 한국의 정치가
가진 문제의 핵심을 잘 드러낸다고 생각한다.

매우 이념적인 법안을 여의도에 툭 던져놓고 이와 거리를 둔
채(최저임금조차 삭감하려고 하면서) '민생 제스처'를 취하는
것은 의회에 대한 대통령의 인식의 수준을 그대로 보여준다.
시장에서 악수할 시간은 있어도 의원들과 대화할 시간은
없다는 것일까?
야심에 찬 모든 대통령들은 시간이 자신의 편이 아니라면서
역사에 업적을 남기려고 하다 보면 의회를 성가신 존재로

생각할 수 있다. 과거 '상원의 현자'로 불리던 조 바이든(J. Biden) 현 부통령이 증언하고 있듯이, 미국에서도 대부분의 대통령은 어느 당이냐를 떠나서 의회를 성가신 방해물로 간주했다.

사실 미국의 상하 양원이야말로 한국의 제왕적 대통령들은 상상할 수 없을 정도로 성가신 존재다. 잘 알려진 것처럼 미국 '건국의 시조들'(Founding Fathers)이 상원의 의사진행 방해(필리버스터) 등 수많은 방식을 통해 의회를 일부러 '느리고 성가신' 기관으로 만들어 잘못된 실용과 효율이 가져오는 위험성을 예방하려 했기 때문이다.
그러하기에 그토록 혁명적 변화를 만들어낸 것처럼 생각되었던 로널드 레이건 전 대통령조차 사회보장연금 삭감 등 수많은 핵심 아젠다에서 의회의 굳은 장벽에 부딪혀야 했다.

더구나 한국의 현 이명박 대통령처럼 여의도 아웃사이더 출신들은 더 그러했다. 지미 카터, 빌 클린턴 전 대통령도 공화당은 물론이고 사사건건 발목을 잡는 민주당 의원들과 자주 냉전기간을 가졌다. 심지어 카터 정부 실패의 일등공신은 민주당 진보파 의원들이라는 말이 나돌 정도였다.
하지만 흥미롭게도 클린턴 등과 유사한 아웃사이더 출신이면서 상원 초년병 출신인 오바마 대통령은 상원의 산 역사라고 할 수 있는 바이든 부통령을 놀라게 할 정도로 의회 중심주의적인 태도를 보이고 있다.

그래서 『뉴욕타임스』의 멧 베이 기자는 특집기사에서 오바마가 자기 당의 전직 대통령들보다 공화당의 레이건 전 대통령을 더 벤치마킹하는 것 같다고 지적한다.

실제로 오바마는 선거기간 동안 민주당 진보파들의 비난을 받아가면서도 레이건을 높이 평가해 구설수에 오른 적이 있다. 하지만 이 발언은 그저 중도파를 겨냥한 쇼가 아니라 그의 초당적인 면모에서 나온 것이다. 사실 레이건은 공화당판 아웃사이더 포퓰리스트이자 동시에 집권 초기 당시 민주당이 지배하던 의회를 존중한 것으로 널리 알려져 있다.

베이 기자는 오바마가 레이건 스타일의 행보를 보인다는 한 증거로 개별 의원들과의 밀착외교를 든다.

사실 클린턴 정부는 의회 지도부와의 '거래적 관계'를 너무 중시했다. 예를 들어 클린턴은 집권 초기 민주당의 의회 지도부들과 선거자금 개혁 포기 등을 둘러싸고 거래를 추진했다.

반면 오바마는 클린턴 시대의 지도부 패러다임에서 개별 의원 외교 패러다임으로 바꿨다. 『뉴욕타임스』의 기사는 오바마가 소토마이어 대법관 후보자 선정과정에서 법사위의 모든 의원들에게 개별적으로 전화를 걸어 그들을 놀라게 했다고 증언하고 있다.

공화당의 찰스 그래슬리 의원은 공화당이라는 출신정당을 떠나 이런 전화는 처음이라고 놀라워했다. 이것이 일회적 이벤트가 아님을 보여주듯, 이미 5월 중순에 하원의원 320명과 상원의원 80명이 백악관을 방문했다고 한다. 베이 기자는 또한 그 만남의 방식에서도 보좌관 배석이 아니라 오바마 대통령과 일 대 일로 면담을 가져 방문한 의원들이 놀랐다고 전했다.

이러한 일 대 일 외교의 내용에서도 특히 돋보이는 것은 오바마 대통령이 상대하는 민주당 의원들의 지배적인 심리구조를 잘 이해하고 있다는 사실이다. 바이든 부통령이 잘 묘사하고 있듯이 민주당의 일반의원들은 흔히 대통령은 자기들을 희생시켜 대통령의 아젠다를 관철하려고 한다는 공포심을 가지고 있다.

사실 클린턴 1기 개혁 아젠다 투쟁과정에서 정치적 손해를 감수한 많은 민주당 의원들은 1994년 중간선거에서 의회로 돌아오지 못했다. 그러나 오바마는 상호이익을 강조하면서 보다 실용적으로 접근하고 있다는 것이다.

아젠다 추진방식에서도 오바마는 클린턴보다는 레이건과 더 유사하다. 이것은 세부사항까지 완벽히 묘사된 서양화와 여백의 멋이 있는 동양화의 차이로 비유할 수도 있을 것이다. 모든 것이 이미 그려져 있는 서양화를 모델로 한 클린턴은 의료보험 개혁투쟁에서 공화당 의회의 협조를 받지 못해 실패했고, 유연한 여백이 있는 동양화 모델을 채택한 레이건은 민주당 의회와의 타협을 통해 세금개혁에 성공했다. 오바마는 전략적 모호성으로써 상하 양원 혹은 양원 내부와의 유연한 타협을 추구한다는 점에서 동양화 모델이다.

램 이매뉴얼(R. Emanuel) 백악관 비서실장은 "유일하게 [의회와의 관계에서] 타협의 여지가 없는 원칙은 [그 타협안이] 성공할 수 있는가의 여부이다. 나머지는 다 타협의 여지가 있다"고 역설하고 있다. 비록 절충에 지나치게 집착함으로써 개혁안이 훼손될 우려가 있는 것도 사실이지만, 과거 클린턴

행정부의 아마추어리즘으로부터의 탈피라는 점에서만 보면
긍정적이다.

이 모든 것들이 가능한 이유는 대통령에서부터 대(對)의회팀
전반에 이르기까지 공통적으로 공유하고 있는, 의회주의라는
가치에 대한 존중 그리고 이 가치가 스며들어 있는 인적
네트워크의 힘이다.

오바마 대통령과 바이든 부통령, 이매뉴얼 비서실장의 삼각
축은 모두 의회 출신으로서, 의회를 성가신 장애물이 아니라
민주공화국의 견제와 균형의 시스템의 중요한 한 축으로
내면에서부터 받아들이고 있다.

이러한 가치존중은 이들이 특히 의회 출신이라는 점을
부끄러워하기보다는 오히려 강한 긍지를 가지고 있다는
사실에서도 연유한다. 베이 기자는 바이든과 이매뉴얼이
아직도 자신들이 의원인 양 의회건물에서 운동하거나
식사하면서 의원들과 자연스럽게 섞이는 것을 보면 놀랍다고
묘사하고 있다.

이들 삼두마차 이외에도 백악관 주요 포스트들은 의회에서의
수십 년간의 노하우와 네트워크를 가진 백전노장들로
촘촘히 짜여 있다. 대표적인 두 인물만 들라면 오랫동안 톰
대슐(T. Daschle) 상원의원의 비서실장 생활로 '101번째
상원의원'이라는 별칭을 가지고 있는 피트 로즈 백악관
선임자문관, 의회예산국(CBO) 국장 출신인 피터 오재그
백악관 예산국장이 그러하다.

물론 오바마 대통령의 의회주의가 반드시 모든 사안을 의회와
대화로 해결한다는 의미는 아니다. 그런 고등학교 교과서적
원칙을 믿을 정도로 오바마는 천진난만한 사람이 아니다.

공화당 지도부의 이념적 강경함은 물론이고 집권당 의원들의
다양한 이념적 성향은 심의적 대화를 통해 생산적 결과를 내는
것을 매우 어렵게 한다. 미국정치의 실제적 작동은 의회와의
대화와 직접 시민들과의 소통(going public)이 서로 영향을
주면서 잘 균형을 이룰 때 가능하다.
그래서 오바마 정부는 다가오는 의료보험 대전투를 앞두고
의회에서의 초당적 행보와 함께 아래로부터의 풀뿌리운동의
정비를 본격적으로 추진하고 있다. 만약 오바마가 이 두 가지
사이에서 적절한 균형을 만들어낸다면 다가오는 의료보험
대혈전에서 승리할 가능성이 있다.

한국에서도 여러 가지 대전투가 서서히 다가오고 있다.
역동적인 한국정치의 특성상 누구도 승부의 결과를 쉽게
예측하지는 못할 것이다.
그러나 미국과 한국 정치에 있는 '철의 법칙' 하나는 분명하다.
그가 누구이든간에, 그리고 어떤 영역이든간에 자유민주주의
국가에서 견제와 균형을 파괴하는 것은 민주공화국만을
훼손하는 것이 아니라 곧 자기 자신을 파괴하는 것이라는 법칙
말이다.

2009년 6월

배트맨과
보수의 핵심

진보가 아직도 추억에 젖어 있는 광화문 촛불시위와 보수가
목에 핏대를 세우는 천안함 사건.
이 두 사건은 매우 다른 이슈 같지만 사실은 본질적으로 하나의
가치로 수렴된다. 자유민주주의. 촛불시위와 천안함 사건에
대한 이해와 대처는 그 사회의 자유민주주의 수준을 정확히
보여주는 리트머스 테스트이다.

그런데 한국의 주류 보수는 두 사건에 대처함에 있어서 영화
〈괴물〉이나 〈하녀〉에 나오는 천박한 인간군상과 매우 닮아
있음을 무심코 드러내고 말았다.

첫째 촛불시위. 과거 민주 대 반민주 시절에 〈전대협 진군가〉를
작곡한 이가 오늘날 민주공화 시대에 나온 〈대한민국은
민주공화국이다〉라는 노래를 작곡했다는 것은 한국사회의 지형
변화를 상징적으로 보여준다.

진보주의자들이 흔히 착각하는 것과 달리 〈대한민국은
민주공화국이다〉와 촛불시위는 진보의 것이 아니었다. 이건
그저 합리적 보수주의자들도 상당 부분은 공감할 수 있는

초당적인 자유민주주의 운동이었다. 대한민국 건국의 시조들이
그토록 원한 것이 민주공화국 운동 아니던가?

이제 진보도 본격적으로 같은 언어로 말하기 시작한 것이다.
그래서 일부 급진좌파는 이 촛불시위를 중산층의 명품
시위라고 싫어하고 나라사랑의 언어를 불편해했다. 하지만
시위 덕분에 쇠고기 수입조건이 더 엄격해졌다. 말하자면
국익을 위한 상원 외교위원회 구실을 대신 수행했는데,
대통령은 의정비를 지불하기는커녕 오히려 혐오감으로
응답했다. 5·18기념식에서 배제한 〈임을 위한 행진곡〉보다
훨씬 보수적인 함의를 가진 노래인데 말이다.

설마 대통령이 자유민주주의의 소중함을 모른다고 믿고
싶지는 않다. 자유민주주의의 소중함을 아는 보수정치는
한국에서 힘든 것일까? 쇠고기 위생조건 개선의 선구자이자
생태주의자이고 문어발 기업 규제론자인 시어도어 루스벨트
전 미국 대통령처럼 내가 존경하는 위대한 보수 대통령은
한국에서는 진보정당의 당수 취급받기 십상이다.
루스벨트처럼 수백 가지 꽃과 곤충의 이름을 외울 때 가장
행복해하는 보수주의 대통령 이미지는 물신주의 종교를
숭배하고 토건국가인 한국에서 참 낯설다.

둘째 천안함. 냉전론의 가장 위대한 보수주의자이자
자유민주주의의 수호자도 한국에서는 보수정당으로부터
자주 눈총을 받는 불운한 운명이 기다리고 있다. 바로 미국
냉전노선의 대설계자이자 냉전의 종언을 예견한 조지 케넌(G.

Kennan) 말이다.

케넌의 탁월한 보수주의는 두 가지로 요약된다.
하나는, 팽창주의적 소련제국의 본질을 이해했고 미국이
이기는 길은 단호함을 유지하면서도 히스테리에 빠지지 않고
자신의 강점인 자유민주주의의 활력을 지켜내는 것임을
간파했다는 점이다. 비유하자면 마치 영화 〈다크 나이트〉에서
악당 조커의 진정한 목적이 단순히 권력유지나 범죄가 아니라
궁극적으로 자유민주주의 고담시를 괴물로 만드는 것임을
배트맨이 간파한 것과도 같은 원리이다.

또 하나는, 핵 군비경쟁의 악순환에서 벗어나지 않으면
우발적인 전쟁의 신이 기다리고 있다는 통찰이다. 그는 보수
본류답게 때로는 강경한 노선을 고집하기도 했지만, 미국의
핵무기 중독 신드롬을 끝장내기 위해 평생을 투쟁했다.

당시 군대도 잘 가지 않았던 미국의 뉴라이트들은 소련을
선제공격하자며, 케넌의 유약함을 비웃었다. 그러나 결국
자신들만 로널드 레이건 전 대통령으로부터 버림받았고,
케넌의 지혜는 결국 소련붕괴로 증명되었다.
이들은 부시 시절 잠시 9·11테러로 부활했다가 이슬람
극단주의 버전의 조커인 빈 라덴의 꾐에 빠져 미국을 한동안
치명적 히스테리의 괴물로 만들어버렸다.

비록 둘 다 한반도와는 좋지 못한 인연을 갖고 있지만,
미국의 입장에서는 탁월했던 루스벨트와 케넌의 보수주의의

핵심은 자유민주주의의 활력을 지켜내는 것이 그 무엇보다도 소중하다는 것이다. 이를 잃어버리면 보수진영은 대한민국의 자유와 번영을 파괴하고 아시아 공동체를 패권경쟁으로 밀어넣으며, 궁극적으로는 자신들을 파멸시킬 것이다.

대한민국은 결코 괴물로 변한 배트맨의 고담시가 되어서는 안 된다. 민주공화국 운동과 천안함의 철저한 조사 및 엄정한 대응, 이 두 과정에서 한시도 잊어버리지 말아야 할 가장 큰 가치 하나가 바로 그것이다. 국내적으로나 국제관계에서 자유민주주의의 활력이 파괴되어 가는 한국의 현실이 너무 안타까워, 두 위대한 보수 거장과 함께 자유민주총연맹이라도 만들고 싶은 심정이다.

2010년 5월

한국 보수들이
맹성해야 할 천안함 사태

나는 가끔 한국의 진보주의 진영으로부터 비판을 받곤
하는데, 오늘 또 입이 근질거리는 것을 못 참아 사고를 치는
것 같다. 얼마 전 〈훅〉에 천안함 사태에 대한 진보진영의
자세를 비판한 「천안함 그리고 진보주의와 북한」(http://
hook.hani.co.kr/blog/archives/1024)을 쓴 홍진표님을 나는
좋아한다. 그는 한국판 네오콘(신보수주의)의 대표적인
지성이라 할 수 있다.

미국 네오콘은 흔히 과거 급진주의 운동권 출신들이 소련에
유약한 태도를 취하는 민주당에 실망한 후에 소련을
붕괴시키기 위해 강경한 태도를 취하는 이들을 가리킨다.
출신배경과 문제의식이란 점에서 홍진표님은 한국에도
등장했던 네오콘 현상을 상징적으로 보여준다.

다만 미국과 한국의 네오콘에도 깊이와 품격의 수준은
천차만별이다. 미국과 한국의 일부 뉴라이트 운동가들은
상품성 있는 네오콘 브랜드를 내걸었지만 사실 내용적으로
과거 천민보수의 내용을 그대로 답습하거나 혹은 단호함을
넘어서서 선제공격론의 광기 어린 노선을 무책임하게

주장하기도 한다.

반면에 홍진표님은 권력이나 광기가 아니라 새로운 보수의
가치와 한반도의 미래를 위해서 진정성 있고 깊은 고민을
하기에 나는 그가 좋다. 그래서 그가 〈훅〉에 글을 기고한 것을
보고 참 반가웠다.

더 반가운 것은 실사구시에 대한 그의 강조이다. 나는 수년째
한국의 진보와 보수 진영에서 보이는 편견과 투쟁해 왔다.
이 과정에서 자신의 이념적 안경이 얼마나 흐리고 불완전할
수 있는지에 대한 성찰이 부족한 채, 사실을 쉽게 그 안경에
맞추어버리는 일들을 무수히 보아왔다.

하지만 무릇 인간은 매우 불완전한 존재라서 누구나 인지적
편견에 노출되어 있는 것을 인정할 필요가 있다. 흔히
심리학에서 많이 인용하는 사례가, 밤에 무서운 범죄소설을
읽다가 무슨 소리를 들으면 순간적으로 도둑이 든 것 같은
생각이 떠오른다는 것이다. 반대로 유머집을 보고 있었다면 그
소리에 대한 느낌은 무척 다를 것이다.

나 또한 인지적 편견을 가진 존재이기에 처음 천안함에 관한
보도를 들었을 때 순간적으로 제일 먼저 북한의 서해대전
복수와 후계자의 이미지가 번뜩 머릿속을 스쳐 지나갔다.
왜냐하면 나는 대학시절부터 지금까지 일관되게 북한에 대해
무척 비판적이기 때문이다.

나는 과거 소련과 북한에 대해 일말의 의구심도 없이 무조건

맹신했던 분들의 변명을 믿지 않는다. 물론 그 당시는 권위주의 정부 때문에 정보가 차단되어 있었기에 누구나 오류를 범하기 쉬운 상황이었다. 하지만 맹신의 경지는 어떠한 변명으로도 합리화할 수 없다.

상식을 가진 사람이라면 과거 권위주의 시절에도 소련과 북한이 체제 선전하는 내용만 보더라도 체제의 문제점을 역으로 유추할 수 있지 않았을까? 예를 들어 북한이 세계에 자랑하는 카드 섹션을 보고서 소름이 돋지 않는다면 어딘가 그 사람의 민주주의관에 문제가 있는 것이 아닐까?

이러한 견지에서 보면 한국의 네오콘들이 일부 진보주의 경향에서 여전히 보이는 북한에 대한 온정주의나 북한 인권에 대해 무관심한 태도에 문제의식을 가지는 것은 정당하다. 하지만 안타까운 것은 그 과정에서 자신들이야말로 얼마나 위험스럽게 이념과 편견의 포로인지를 전혀 깨닫고 있지 못하다는 사실이다.
예를 들어 상식을 가진 존재라면 나처럼 북한에 대해 이념적 반감을 가지고 본능적으로 북한을 의심하였다 하더라도, 조사과정의 너무나 많은 허점들에 대해서도 눈을 감을 수는 없기 때문이다.

국가안보의 고위관계자 자체가 정보의 해석을 놓고 갈팡질팡하는데 그 말들을 그대로 다 믿는 것은 대한민국을 사랑하는 것이 아니라, 지난날 운동권 출신 네오콘들이 그토록 투쟁했던 대상인 국가주의자가 되는 길이다. 그리고 보다 더 과학적인 해명을 완성해 나가는 것을 통해 전세계를 대한민국의 보다 강고한 연대의 대상으로 만들어나갈 수 있을 것이다.

과거 힐러리 상원의원은 공화당의 한 합리적 보수주의 의원의 충고를 무시하고, 부시 정부의 대량살상무기에 관한 보고서를 꼼꼼히 검토하지 않은 채 승인을 한 적이 있다. 상식을 가진 사람이라면 농약살포용 경비행기가 바다를 건너 뉴욕 테러용으로 사용될지 모른다는 어처구니없는 생각에 대해 의문을 제기했어야 함이 당연하다. 하지만 그 당시 힐러리 의원의 정부에 대한 지나친 선의에 기초한 믿음은 결국 부시의 광기 어린 전쟁에 도움을 주었고, 이 약점은 이후 민주당 대선에서 줄곧 그녀를 괴롭혔다.

과거 민주화운동 출신인 한국의 네오콘들의 정부에 대한 선의는 이해할 만하다. 하지만 정부가 보다 더 철저히 조사를 완성해 가도록 강제하고 모든 책임자의 전면 처벌을 위해 선두에 나서는 것이 진정으로 정부를 더 돕는 길일 것이다.

또한 당장 자신의 진영으로부터 비난받더라도 용기 있게 진실을 말할 수 있어야 한다. 오늘날 안보의 구멍은 지난 서해대전을 승리로 이끈 노무현 정부의 평화체제 관리 능력과 시스템(현 정부가 폐지했다가 슬며시 부활시킨 국가안전보장회의)을 배우면서 해결해야 하는데, 오히려 거기에 문제를 뒤집어씌우는 야비한 작태에 대해 한국의 보수주의자들은 그저 진영논리에 빠져 침묵한다.

상식을 가진 존재라면 보다 역사적인 시야를 가질 필요가 있다. 예를 들어 왜 미국의 걸출한 보수들이 과거 소련 선제공격을 주장하는 등 무조건적인 강경노선으로 소련붕괴를 시도했던 네오콘 광인들의 주장을 경멸하는지 단 한번이라도 생각해 볼 필요가 있다.

홍진표님이 말하는 현실주의 입장을 취한 미국의 보수들은 단호함을 유지하면서도 네오콘과 사뭇 다른 행보를 취한 바 있다. 미국 보수의 영원한 영웅이자 강경보수인 레이건이 왜 1984년 재집권 후 소련에 대해 평화공세를 펴기 시작했는지 단 한번이라도 생각해 보았으면 한다.
마초주의자인 그가 갑자기 유약해져서? 그의 평화공세가 결국 장기적으로 소련붕괴로 이어진 역사적 과정을 기억한다면, 과연 레이건을 유약하다고 공격할 수 있을지 의문이다.

내가 지난 21일자 『한겨레』 칼럼에서 미국의 전설적인 보수주의자 조지 케넌으로부터 배우라고 한 것도 그런 취지이다. 왜 조지 케넌이 소련 팽창주의에 대해서는 단호함을 보이면서도, 네오콘들의 경멸을 받아가며 일관되게 미국 자유민주주의의 활력을 지키는 것이 중요하다고 강조했는지 이해 못한다면 자신들을 민주주의자라고 부르기는 어려울 것이다.

굳이 미국의 예를 들 필요 없이, 한국에도 북한을 진정으로 흔들어놓은 사례들은 많다. 예를 들어 한국의 강경보수가 경멸하고 혐오하는 두 사람의 경우를 기억할 필요가 있다.

하나는 '물태우' 노태우 전 대통령이고 또 하나는 방북사건의
주인공 임수경님이다.

과연 노태우 전 대통령이 유약했던 걸까? 그는 국내정책에서도
긍정적으로 재평가를 받아야 할 공로가 많지만 특히
북방정책은 합리적 보수의 노선으로 높이 평가할 만하다. 그의
공세적 평화노선은 당시 김일성에게 큰 충격을 준 바 있다.

한국의 네오콘들이 북한에 대한 무조건적인 강경한 태도만이
그들에게 진정으로 충격을 주고 체제변형을 가져올 수 있다고
믿는다면, 아직 북한체제를 너무 온정주의적으로 바라보는
것이다. 전체주의 체제는 자유민주주의 체제에 젖어 있는
사람들이 생각하듯이 그리 단순한 존재가 아니다. 물론
체제변형은 있을 것이다. 중국의 일부 체제로 말이다.

또 하나 흥미로운 사례는 임수경 방북사건이다. 당시 그녀를
보낸 전대협 지도부의 순진한 의도와 정반대로 그녀의
자유로움은 이른바 북한의 인민들에게 놀라운 인상을 남겼다.
자유의 공기란 사실은 그런 것이다. 자유의 공기보다 더
효과적인 체제변형의 무기는 존재하지 않는다. 내가 만약 당시
공안당국이었다면 그녀를 감옥에 집어넣기보다 오히려 천
명의 임수경방북단을 조직해서 자유민주주의란 무엇인가를
그들에게 보여주었을 것이다.

한국의 주류 보수진영으로서는 도저히 믿기 어렵겠지만, 지금
한국의 진보와 보수의 북한문제를 둘러싼 투쟁은 본질적으로는

진보 대 보수의 대결이 아니다. 그건 그저 합리적 보수 대 극우 네오콘의 대결이다.

김대중 정부의 평화노선은 사실 크게 보면 레이건 2기, 조지 케넌, 닉슨 등 미국의 현실주의 보수노선과도 다르지 않다. 물론 과거 노태우 정부의 평화공세와도 연속성을 가진다. 심지어 시대착오적인 네오콘을 부활시켜 미국의 퇴조를 가속화하는 데 큰 책임이 있는 조지 부시 전 대통령조차 집권 후반기에는 현실주의 노선으로 전환하여 한국의 극우들을 분노케 한 바 있다.
김대중 전 대통령이야말로 자기 노선의 역사적 맥락과 위상에 대해 가장 잘 이해하고 있었다고 생각한다. 그가 북한에 대해 온정주의적이거나 유약해서 혹은 헛된 환상을 가지고 있어서 평화공세를 펼쳤다고 생각한다면, 현실주의자인 그를 너무도 오해하는 것이다. 북한체제에 대해 비판적이었던 그는 이를 최대한 자제하면서 실질적으로 그들이 변화할 수밖에 없는 구조적 지형을 강제해 나가려고 했다.

북한인권에 대해서도 대통령이 언급하면 속은 참 시원하겠지만, 우리의 인생에는 지혜로운 방법이 다양하게 많다. 정부와 다양한 시민단체 간의 역할분담도 하나의 방법으로 생각해 볼 수 있을 것이다.

큰 틀에서 보면 대북문제에서 한국의 합리적 보수와 진보는 의외로 합의할 수 있는 분야가 많다. 그런 점에서 과거 미국의 전 대사가 김대중 전 대통령을 조지 케넌에 비유한 적이 있는데 실로 탁견이라 할 수 있다. 다만 세부적으로 들어가서, 나는 과거 민주정부들이 전사한 대한민국 장병들과 국군포로에 대해 지혜로운 접근을 취하면서도 더 단호했으면 하는 아쉬움은 크다.

정작 북한문제를 둘러싼 진보와 보수의 가장 중요한 대결은 시작도 되지 않았다. 그것은 이후 북한을 어떤 국가로 만들어갈 것인가 하는 관점에서의 대립이다. 즉 북한을 한국 주류보수의 시각대로 기업국가나 토건국가로 전락시킬 것인가 아니면 한반도 차원의 지속 가능한 체제로 만들 것인가의 문제가 바로 진보와 보수의 진정한 대립지점이 될 것이다.

레이건 2기와 김대중 대통령의 평화공세는 세부항목에서는 이견이 있을 수 있지만, 큰 틀에서 보면 그저 상식을 가진 사람이라면 동의해야 하는 초당적 태도의 문제일 뿐이다.

한국의 과거 운동권 출신 네오콘들은 오늘날 제도권 정치권과 사회운동 진영에서 큰 영향력을 가지고 있다. 영향력은 책임을 동반한다. 이들은 하루 빨리 자신들의 이념적 환상에서 벗어나서 홍진표님처럼 보다 실사구시적 태도를 취해야 한다. 과거 자신들의 친북적 이념과 온정주의적 태도에서 벗어나는 과정에서, 그리고 일부 진보주의자들의 어리석은 편견과 투쟁하는 과정에서 자신도 모르게 또 다른 이념적 덫에 빠져서는 안 된다.

이것은 정치적으로도 그리 현명한 행보가 아니다.

단기적으로는 과거 민주정부들과 차별화하는 재미를 보겠지만
시민들은 궁극적으로는 책임 있는 지도자를 원한다. 당장은
신냉전이 조성될 것 같지만, 한반도 평화체제를 갈망하는
한국시민들은 보수진영만 놓고 본다면 결국 보수의 닉슨을
선택하지 골드 워터(소련에 대해 강경 보수적인 태도를 취한 극우
정치지도자)를 선택하지는 않을 것이다.
한국 보수진영 내에 용기 있는 합리적 보수주의 운동이
일어나야 할 시점이 아닐 수 없다.

[후기] 이 칼럼을 쓴 직후 홍진표님이 친절한 답신의 글을 온라인에
게재한 것을 한참 후에나 알게 되었다. 그의 답신을 읽으며 내가 그에
대해 오해한 부분도 배우게 되었다. 감사의 글을 보내려다가 그만
일상의 속도에 갇혀 잊어버리고 말았다. 나의 무심함과 대조되는
그의 따뜻한 비판의 태도에, 이 지면을 빌려 존경의 마음을 보내고
싶다. 여전히 난 홍진표님과 다른 관점을 가지고 있지만 서로 충분히
대화하고 배울 수 있다고 확신한다. 그리고 한국의 일부 경직된
진보들이 자신의 이념적 안경을 벗고 홍진표님의 글을 치밀하게 읽고
자기성찰의 소재로 삼았으면 한다.

2010년 5월

다가오는
자유주의의 시대

난 어제 샌프란시스코를 거쳐 지금 막 뉴욕에 도착했다. 이 두
도시는 자유로움을 추구하고 고삐 풀린 자본주의에 인간의
숨결을 불어넣는 미국 자유주의 진영의 영원한 고향과 같은
곳들이다.

샌프란시스코의 낸시 펠로시(N. Pelosi) 전
하원의장이나 뉴욕의 힐러리 클린턴 상원의원 같은 거물
'강남좌파'(『뉴욕타임스』의 데이비드 브룩스의 표현을 빌리자면
보보스, 즉 부르주아 보헤미안)가 이 두 도시를 상징하는
정치인들이다.

지금 한국에서는 한국판 샌프란시스코 혹은 뉴욕에서
의미심장한 변화가 시작됐다. 과거 낡은 운동권 스타일과 다른
매력적인 자유주의가 부상하기 시작한 것이다.
이를 제일 먼저 눈치 챈 것은 보수언론이다.

얼마 전 한 보수언론은 샌프란시스코 자유주의 스타일을
가진 조국 서울대 법학전문대학원 교수의 매력을 시샘하며
'강남좌파'란 낙인을 찍기에 바빴다. 이어 그들은 경기도

분당이 더는 애리조나 같은 꼴통보수의 도시가 아니라 맨해튼 교외의 호보컨 같은 자유주의적인 도시가 되어가는 데 대해 큰 불안감을 표시하고 있다.

그들의 예감은 정확하다. 2012년 총선과 대선에서 분당과 서울은 자유주의 혁명의 진앙지가 될 것이다.

물론 미국의 자유주의자나 보보스 그리고 한국의 '강남좌파'라는 명칭이 한때는 부정적인 낙인이었다. 두 나라의 개혁정부 시절에 이들은 지나친 좌파적 이상이나 혹은 반대로 천민자본주의에 투항하고 결국 서민층과의 괴리를 보인 탓에 마치 특권층의 일부처럼 낙인이 찍히기도 했다.

하지만 시대의 사이클은 지금 두 나라에서 자유주의를 부상시키고 있다. 자본주의의 힘을 이해하면서도 이를 부단히 인간화하려 하고 자유로운 문화적 감수성을 가진 젊은 세대들이 등장했기 때문이다.

이들은 아직도 운동권 정서를 가진 힐러리 대신 자신들의 자유주의 스타일과 더 잘 어울리는 오바마를 예비경선에서 선택했다. 물론 미국제국의 과거에 대한 향수와 꼴통보수의 정서를 가진 공화당의 존 매케인은 본선에서 이들로부터 철저히 버림받았다.

한국에서도 이들은 아직도 운동권 정서를 가진 야권정당들 대신 자신들의 자유주의 스타일에 더 어울리는 조국 교수와 같은 이들에게 환호성을 보내고 있다.

이것을 불편한 마음으로 지켜보는 일부 보수진영은 어리석게도

그들이 입만 열면 설교를 늘어놓는 대한민국 선진화의 핵심이
바로 여기에 있음을 놓치고 있다. 거창하게 이야기하자면, 지금
한국 자본주의는 새로운 단계로 질적으로 이행하는 길목에 서
있다.

그간 수십 년 동안 재미를 보아온 한국의 대표적 기업들의 '카피
앤 페이스트'(copy and paste) 방식의 경제성장은 '강남좌파'인
스티브 잡스의 창조적 자본주의 혁명 앞에서 더는 작동이
불가능해졌다.

그럼 이를 위한 상상력과 동력은 어디에서 나오는가? 그건
뉴욕과 샌프란시스코의 '창조적 계급'이 그러하듯이 자유롭고
급진적인 상상력을 흡수하는 자유주의 문화에서만 가능하다.

세계적 제국의 도시인 뉴욕이나 런던에 타워팰리스 같은 고급
빌딩만 있는 것이 아니라 진보적인 보헤미안들도 공존하는
것은 바로 그런 이유에서다. 미국의 '강남좌파' 워런 버핏(W.
Buffett) 회장이 지금 오바마가 너무 좌파적이지 못하다고
공개적으로 호통을 치고 있는 것도 다름아니라 창조적
자본주의의 미래를 걱정해서 하는 행보다. 아직 천민자본주의
단계인 한국에서는 꿈같은 이야기다.

보수가 항상 주창하는 선진화, 진보가 그토록 염원하는
정권교체는 바로 이 자유주의 혁명에서 출발할 것이다. 만약
두 진영이 각자의 꿈들을 단지 구호로서가 아니라 진심으로
믿는다면 놀랍게도 서로 공통된 전략적 목표가 있는 셈이다.
자유주의 시대로의 이행 말이다.

다만 수많은 스펙트럼이 가능한 자유주의를 어떤 빛깔의 것으로 만드는가 하는 차이가 존재할 뿐이다. 흥미로운 2012년이 다가오고, 자유주의 혁명을 위한 세대는 미국과 한국에서 무럭무럭 자라고 있다.
'분당좌파'의 한 명으로서 선거결과가 참 궁금해진다.

2011년 4월

5.
미국을 바라보며
한반도를
생각하다

오바마 리더십,
왜 흔들리나?
: 그가 '루즈벨트'가 될 수 없는 까닭

지금 워싱턴 정가에는 버락 오바마 대통령의 리더십에 대한
회의와 불안감이 만연해 있다.

진보의 상징인 폴 크루그먼(P. Krugman) 교수와 대표적
보수정치인이며 한때 초당적 내각의 일원으로 거론되기도 했던
저드 그레그(J. Gregg) 상원의원이 최악의 경우 오바마 시대의
미래에 대해 내린 공통의 결론은 거칠게 요약하자면 '미국의
파산'이다.

오바마 시대의 실패가 단순히 대통령 지지율의 추락이나
재선실패의 문제가 아니라 미국의 파산이라는 충격적 결론을
의미할 수도 있다는 점에서, 이는 미국의 그 어느 대통령도
직면한 적 없는 악몽이 아닐 수 없다. 아마 지금쯤 힐러리
클린턴 국무장관은 오늘날 미국 대통령직이 감당해야 할
끔찍한 무게감을 생각하며 새삼 안도의 숨을 내쉴지도
모르겠다.

오바마의 리더십이 흔들리는 이유에 대해 어떤 이들은 그의
진정성을 의심하기도 한다. 지난 3월 22일 『뉴욕타임스』는

부시 시대 테러와의 전쟁이라는 어두운 유산을 청산하는 데
대해 모호한 태도를 취하는 오바마의 이중성을 비난했다.

하지만 그들은 미국의 역대 그 어느 대통령이 의회도 통제하기
어려운 괴물로 자라난 미사일방어(MD) 체제나 관타나모
기지에 대해 오바마만큼 전향적인 태도를 취한 적이 있는지
생각하려 들지 않는다. 21세기 현실에서 미국의 대통령은
낭만적인 슈퍼맨 영웅주의보다는 영화 〈다크나이트〉 속
배트맨의 고뇌에 더 가깝다는 것을 그들은 이해할 수 없는
모양이다.

또 어떤 이들은 오바마가 우연히 경제적 위기나 이라크전쟁의
수렁 속에서 당선된, 준비되지 않은 대통령이라고 지적한다.
하지만 그들은 자신들이 얼마 전까지만 해도 오바마의 탁월한
인수위 활동과 내각인선, 예산안 '광속' 통과 등에 환호성을
보냈던 것을 쉽게 잊어버린다.

오바마가 부단히 비틀거리는 보다 근본적인 뿌리는 다른 곳에
있다. 그 이유를 알려면 오늘날 오바마 정부의 혼과 콘텐츠를
상징하는 두 권의 책을 다시 상기할 필요가 있다.

하나는 미국에 대한 애국적 혼을 담은 『담대한 희망』(The
Audacity of Hope)이고, 또 하나는 그의 비서실장이 미국
최고의 정책통 브루스 리드(B. Reed)와 공저로 미국 개혁의
미래비전을 총결산한 『플랜』(The Plane)이다. 이 두 권의
책은 거친 당파성과 무모함에 의해 일그러진 미국의 가치를

복원하기 위한 오바마와 그 측근들의 진정성과 내공을 생생히 느낄 수 있게 해준다.

하지만 오바마 신드롬이 불기 전에 이 책들을 읽었던 나를 무척 놀라게 한 것은, 이 두 권의 책 어디에도 미국의 보수와 진보가 초당적으로 수용한 시장 근본주의가 얼마나 민주공화국을 극심하게 타락시켜 왔으며 오늘날 미국이 어디까지 망가져 있는가에 대한 냉엄한 현실인식을 발견하기란 어렵다는 사실이었다.

아마 오바마의 비서실장 램 이매뉴얼이 지금에 와서 자신의 책을 다시 펼쳐본다면, 그 책에 '금융규제'와 '이라크전쟁 반대'라는 핵심 키워드가 존재하지 않는 데 대해 무척 부끄러워할 것이다.
이 점에서는 오바마 대통령도 예외는 아니다. 당시 오바마 후보는 미국이 극단적이었던 부시 시대에서 벗어나 국내외적으로 당파성을 버리고 건전한 상식을 회복하고 견제와 균형을 부분적으로 강화한다면 잃어버린 위대함을 되찾을 수 있다고 소박하게 믿고 있었을 것이다.

오바마와 측근들이 취임을 앞두고 위대한 진보주의자였던 프랭클린 루즈벨트 대통령을 집중적으로 벤치마킹하고자 했던 것은 상징적이다. 루즈벨트나 케네디는 모든 개혁적 대통령들의 영원한 꿈이다.

그들과 같이 성공한 대통령으로 기록되고자 강렬히 원했던

클린턴 전 대통령은 집권하자마자 그린스펀, 루빈 등으로부터
월가의 균형예산에 대한 협박에 직면하면서 자신의 꿈을
접어야 했다. 마키아벨리가 고전적으로 지적한 것처럼,
지도자는 시대의 제약 속에서 움직이기 때문이다.

하지만 균형예산으로 상징되는 대중적 보수주의 시대가
종료되면서 운명의 여신은 오바마에게 위대한 성공으로 향한
기회의 문을 열어주고 있는 것처럼 보였다.

그러나 오바마나 그의 측근들이 아직도 깨닫고 있지 못하는
냉엄한 사실이 있다. 오바마는 루즈벨트들이나 케네디와 같은
범주의 성공적인 대통령이 될 수 없다는 사실 말이다.
여기서 '루즈벨트들'이라는 복수형은 두 명의 위대한
대통령을 가리킨다. 하나는 위대한 보수 대통령인 시어도어
루즈벨트이고 또 한 사람은 위대한 진보 대통령인 프랭클린
루즈벨트이다.

시어도어 루즈벨트는 국내적으로는 이른바 천민 자본주의적
문어발 기업 체제를 개혁하고 국제적으로는 패권정책을 펼쳐
제국으로 도약의 토대를 구축하였다. 프랭클린 루즈벨트는
그 토대 위에서 국내외적 조정 자본주의를 통해 미국제국의
황금기를 일구어냈다. 그리고 케네디는 비록 단명했지만
미국제국의 낙관적인 미래에 대해 대담한 희망을 불어넣었다.

이들과 달리 불운한 오바마가 맞이한 미국은 2002년 에마누엘
토드가 『제국의 몰락』에서 이미 지적한 바 있듯이, 제국으로의

상승기가 아니라 하강기의 미국이다. 그런 점에서 보면
오바마는 미국역사상 그 어느 대통령도 본격적으로 직면해
보지 못한 전대미문의 퇴조기의 리더십을 요구받고 있다.

차라리 오바마는 1964년 영국제국의 퇴조기와 파운드
가치하락의 경제위기 속에서 집권해 사회안전망을 구축하는
것에 만족한 노동당 윌슨 총리의 운명과 더 친화성을
지니는지도 모른다. 내가 오바마의 팀이라면 루즈벨트의
달콤한 시절을 벤치마킹하는 것보다 오히려 퇴조기의
제국들로부터 반면교사의 교훈을 찾는 데 더 시간을 보내겠다.

이는 비유하자면 마치 노안이 찾아오기 시작한 중년들의
시대와 비슷하다. 『컬처 코드』(The Culture Code) 저자가 지적하고
있는 것처럼, 미국은 원래 청년기의 나라다. 열정적이고
무모하고 이분법적이다. 스티븐 스필버그 같은 사람은 가장
전형적인 미국인이다. 클린턴 시대는 자신들이 아직까지는
청년기라는 순진한 생각을 가지고 좌충우돌하던 시기였다.
부시 시대는 청년기가 곧 사라질 것이라는 불안감 속에서
무모하고 난폭하게 행동하던 시기였다.

이 같은 무모함이 더 늙음을 자초했다는 것을 조금씩 배워가고
있는 시기가 바로 오바마의 시기이다. 오바마는 국내적으로는
조정 자본주의, 국제적으로는 상호 의존적이고 문화 혼성적인
공동체를 통해 클린턴과 부시의 시대보다 문제의식이 성숙하고
있음을 보여주고 있다.

하지만 오바마가 보다 성숙한 것은 사실이나, 아직 퇴조기임을 선명하게 이해하지 못한 채 고통스럽게 조금씩 학습해 나가고 있는 것 같다.

취임 초기에 그는 대담하지 못했던 경기부양책이 합의만 되면 마치 미국경제가 부활의 날갯짓을 할 것처럼 이야기한 적이 있다. 그에게는 초당적 합의와 낙관적 시그널을 보낼 필요성이 정치적으로 절박한 것이 사실이지만, 잠시 후면 오류로 판명될 메시지는 그의 정치자본을 잠식할 수밖에 없다.

지금은 보다 교정되었지만 여전히 낙관적 메시지와 그걸 실현하기에는 턱없이 부족한 미온적 정책 사이에는 심각한 격차가 드러나고 있다. 이것은 정치의 기본 개념인 '기대치 게임'에서 치명적인 실수를 범하는 것이다.

탁월한 마키아벨리스트인 오바마가 이러한 실수를 저지르는 것은 순진해서가 아니라, 미국의 구조적 결함의 어두운 심연을 아직도 이해하지 못해서다. 몇 해 전 그가 구제금융 지원안에서 어정쩡한 민간 파트너십의 투자펀드를 제시했다가 결국은 국유화로 몰리는 상황까지 간 것도 마찬가지 이유이다.

최근 오바마는 시장 친화적인 민관 배드뱅크로 승부수를 띄웠지만 과연 지금의 상황이 시장친화성에 더 집중해야 할 정도의 온건한 위기인지는 의문의 여지가 많다. 오바마 정부가 성공하길 절실히 바라는 진보논객 크루그먼조차 이에 대해 절망감을 표시할 정도이다.

물론 오바마가 처한 상황이 녹록치 않은 것은 사실이다. 즉 크루그먼이 보기에는 전혀 대담하지 않아 문제이지만, 그간 시장 전체주의에 초당적으로 중독된 워싱턴 정가에서는 이 조치조차도 급진적이라 현실적으로 합의를 이루어내기가 어렵기 때문이다.

하지만 오바마가 구조적 결함의 심연을 이해한 바탕 위에서 다만 불가피한 합의의 형성을 위해 온건한 조치들을 추구한다고 보이지는 않는다. 그간 끊임없이 악화되어 가는 경제의 예측에서 그와 경제팀이 실패해 온 것을 보면 말이다.

문제는 만약 그 심연이 더 강력하게 모습을 드러내고, 이후 오바마가 더 급진적인 조치들을 요구할 때 그의 정치자본의 잔고가 별로 남아 있지 않을 수 있다는 사실이다.

오바마는 국제관계에서도 구조적 결함의 심연을 이제야 조금씩 학습하고 있는 것으로 보인다. 후보시절 이라크전쟁 반대 정도로 다시 미국이 건전한 상식과 리더십을 회복할 것으로 생각한 그는, 당시 그를 자문해 준 브레진스키 등과 달리 퇴조기의 미국이 당면한 딜레마들을 이해하고 있지 못했다.

그 당시 이미 아프가니스탄이 제2의 베트남이 될지 모른다는 경고가 나오고 있던 상황이었지만, 한때 그는 미군을 증파하는 정도로 문제가 풀릴 수 있다고 믿기도 했다. 최근에 와서는 이라크에 5만 병력을 잔류시키고 아프가니스탄전쟁의 목표를 수정하면서 보다 현실주의적인 노선을 확정짓고 있다.

하지만 3월 29일자 『워싱턴포스트』의 디엘이 지적하고 있듯이, 모든 것이 예상대로 잘되어도 최소한 3년에서 5년이 흐른 뒤에야 이 노선의 효과가 본격적으로 빛을 볼 가능성이 높다. 그 동안 그는 과거 클린턴의 순진하고 때로는 오만했던 시절과 부시 시절의 불안한 마초주의의 난폭함에서 생겨난 (중동에서 한반도에 이르기까지) 모든 부작용들의 청구서를 집권기간 내내 처리해 나가면서 끊임없이 동요할 것이다. 더구나 과거 빚의 청구서만이 아니라 미국의 퇴조를 감지한 노회한 이란과 러시아, 심지어 중국까지 새로이 청구서의 액수를 재조정하고 있다. 아직 취임 100일도 되지 않은 오바마 행정부이지만, 지금 그들에게는 앞으로 부단하게 직면하게 될 국내외적 정치·경제의 위기가 기다리고 있다.

지금 시점에서 오바마 정부는 역대 그 어느 정부도 경험하지 못한 자신들 앞의 과제를 다시 성찰할 필요가 있다. 그것은 국내외적으로 퇴조기 미국의 관리 리더십에 대한 대전략을 다시 정식화하는 것에서 출발할 수 있을 것이다.

오바마가 미국의 국내외적 구조의 위기의 심연을 더 선명히 들여다보고 예방할수록 그만큼 더 미국과 오바마 리더십의 연착륙은 용이해질 것이다. 만약 그렇지 않다면 그 구조적 심연이 그와 미국을 덮칠 것이다.

2009년 4월

북핵 해법,
보다 더 담대하라
: 그리고 힐러리 좀 말려라

과거 빌 클린턴 전 대통령의 측근에 비해 버락 오바마 현
대통령의 측근들은 정말 행운아들이다.

널리 알려진 것처럼, 평소에도 자주 싸늘해지고 화를 주체
못하는 클린턴의 심기가 가장 좋지 않을 때는 새벽녘이다.
그래서 새벽에 그를 깨워야 하는 사람은 백악관 모든 이들에게
가장 동정을 받는 대상이기도 했다고 한다.

반면 자기통제력의 달인인 오바마 대통령의 측근들은 오바마의
친절한 리더십 덕분에 긴장과 짜증을 덜 겪고 있다. 하지만
그러한 오바마도 아마 요즘은 부쩍 짜증이 늘어났을 것이
틀림없다.
자제력이 좀 떨어지는 그의 대변인은 이미 기자 브리핑에서
그간의 스트레스를 견디지 못하고 성미를 그대로 드러내어
구설수에 오르기도 했다. 얼마 전 소말리아 해적 사건에 이어
다시 (그것도 미국판 현충일 휴가) 새벽에 북한 소식으로 단잠에서
깨어나야 했던 오바마도 아마 인내심이 바닥에 이르렀을
것이다.

최근 심각해진 한반도 위기는 마치 우리의 일상적인 삶에서의 남녀관계처럼 국제관계도 서로의 시간표가 어긋나는 것이 얼마나 큰 변수가 될 수 있는가를 선명하게 보여주고 있다.

과거 클린턴정부 시절의 중동설계자인 마틴 인딕은 2009년에 발표한 회고록에서 생생히 증언한 바 있다.
예를 들어 클린턴 전 대통령이 위험을 감수하고 이란에 우호적으로 접근했을 때는 이란이 주저하고, 반면에 이란이 위험을 감수하고 부시 행정부에 접근했을 때는 부시가 이라크에 정신이 팔려 있었다.
결국 그 결과는 하루하루 핵무기 보유를 향해 치닫고 있는 이란의 오늘날 모습이다.

오늘날 미국과 북한도 서로 어긋난 시간표로 인해 동아시아 핵 도미노 현상을 향해 치닫고 있다. 이란과 달리 이미 어느 정도 해법이 존재하고, 전략적 우선순위에서 밀려나 있는 북한에 대한 미국의 느긋한 시간표와 2012년 강성대국의 허장성세를 향해 필사적으로 속도전을 전개하고 있는 북한의 모습이 바로 그러하다.

문제가 단지 시간표 간의 충돌이라면 해법은 의외로 쉽다.
위기고조 후의 고위급 대화를 통해 시간표를 조정하면 되기 때문이다.
하지만 문제는 이란이나 이스라엘 문제를 북한문제보다 우선시하는 시간표의 문제보다 더 큰 뿌리가 존재한다는 데 있다. 현재 오바마 정부의 대(對) 북한 및 이란 접근이 공통적으로 실패하고 위기가 고조되는 것만 보더라도 금방 알수 있다.

시간표보다 더 중요한 질문은 왜 두 국가에서 오바마는 공통적으로 실패하고 있는가 하는 것이다.
비유적으로 표현해 본다면, 이 실패는 경제위기 대처에서 드러난 오바마의 인식의 미흡함 그리고 경제팀의 관성적인 태도의 문제와도 매우 유사하다.

오바마는 미국 경제위기의 심연이 얼마나 깊은지, 그에 비례하여 얼마나 대담한 조치가 필요한지에 대해 아직 절실히 인식하고 있지는 못하다. 그리고 티머시 가이트너(T. Geithner) 재무장관을 중심으로 한 경제팀은 여전히 '루빈 사단'이라는 속성상 클린턴 시기의 패러다임에서 근본적으로 벗어나지는 못하고 있다.
어쩌면 오늘날 북한과 이란에서의 실패는 국제관계에서도 정확히 동일한 현상이 발생하고 있는 것으로 읽을 수 있다. 즉 오바마의 위기관과 안보팀의 문제 말이다.

물론 나는 대부분의 다른 전문가들처럼 오바마의 외교·안보관의 탁월함을 높게 평가한 바 있다. 사실 이란을 포함해 이슬람국가들에 대한 오바마의 솔직하고 전향적인 톤이나 북한과의 대화 자체를 큰 선심 쓰듯이 하지 않는 실용주의적 태도는, 극단적 보수인 부시는 물론 자유주의인 클린턴 시대보다 분명한 일보 전진이다. 그리고 그 과정에서 다른 한편으로 유약한 자유주의자, 젊은 초보 대통령으로

비추어지지 않기 위해 중동과 북한에 대해 단호함을 보이는
것은 균형 잡힌 행보라 할 수 있다.

하지만 그는 최근 자신이 과거 후보시절 생각했던 것보다
국제관계 문제가 어려움을 측근들에게 토로한 것으로
알려진다.
아마 오바마는 클린턴이나 부시 정부에 비해 자신의 대담한
조치들이 중동과 북한에서 그에 상응하는 선의로 받아들여지지
않는 것에 좌절감을 느끼고 있을 것이다. 선의는커녕 이란은
얼마 전 중거리미사일 실험을 성공리에 마쳤고, 북한은 한 발 더
나아가 핵실험을 했다. 그러니 그의 황당함과 좌절감은 너무도
당연하다.

그럼에도 오바마는 경제문제의 대처에서 드러난 오류와
마찬가지로 두 가지 질문을 스스로에게 던지지 않고 있다.
오늘날 이란과 북한에 대한 대처는 그간 상호간 위기와 불신의
역사의 골이 만들어놓고 있는 심연에 비례해 충분히 대담한가?
둘째, 그의 외교팀은 이러한 대담한 접근의 메신저로서 역할을
잘해 내고 있는가?

현재 이란과 북한에 대한 태도에서 공통적으로 나타나는
문제들을 보면 이 질문들에 대한 대답은 회의적이다.
우선, 이란문제에서 그동안 생겼던 불신의 골을 감안한다면
선의의 제스처에도 불구하고 여전히 오바마의 접근은
획기적이지 못하다.
2월 10일자 『인터내셔널 헤럴드 트리뷴』(IHT)의 보도에

따르면, 이는 오바마 스스로가 여전히 이란을 의혹의 눈길로 바라보는 데서 기인한다. 신문은 오바마가 이러한 의혹에 기초해 재무부의 스튜어트 레비(S. Levey) 테러·금융 정보담당 차관에게 경제적 제재안을 계속 추진해 나도록 지시한 것으로 알려진다.

진짜 실용주의자라면 이란의 의심스러운 행보에 의혹의 심증을 가지고 있는 것과 실제적 행동은 달리할 수도 있다. 왜냐하면 지금은 상호 테스트의 단계이기 때문이다. 하지만 오바마는 의혹을 행동으로 보여주면서 오히려 자신의 심증을 현실로 만들어나가고 있다.

오바마의 화해 제스처에 대해 이란의 최고지도자 아야툴라 하메네이는 "미국이 변하면 우리의 행동도 변할 것이다"라고 의미심장하게 응답한 바 있다. 그러나 이러한 싸늘한 응답에 오바마 행정부는 다소 좌절감을 느낀 것으로 알려진다. 더구나 지금은 풀려났지만 이란계 미국인 기자의 억류는 이 의혹의 불에 기름에 붓는 격이었다.

그러나 '행동 대 행동'을 강조하는 이란의 싸늘한 언급은 사실 오랜 불신의 역사와 미국을 테스트하기 위한 나름대로의 제스처의 역설적 표현이라 할 수 있다. 심하게 불화를 겪은 부부가 갑자기 열렬히 키스를 할 수는 없는 것 아닌가. 어떤 측면에서는 그들의 주저함은, 그들의 맥락에서는 합리적인 선택으로 읽힐 수 있다. 중동정책 설계자 인딕이 자서전에서 스스로 고백하듯, 클린턴

정부 시기 한때 매들린 올브라이트 국무장관의 화해 제스처는
제재의 지속으로 공허한 메아리가 된 적이 있었다. 당시에도
이란의 외무장관은 하메네이와 흡사한 발언을 한 바 있다.

이러한 견지에서 최근 플린트 레버렛(F. Leverett) 같은
오바마에게 우호적인 중동문제 전문가는 *IHT* 5월 26일자에서,
이미 이란을 잃어버린 게 아니냐며 오바마를 강하게 비판하고
있다. 경제문제에서 폴 크루그먼이 그러하듯 국제문제에서도
오바마는 우군을 잃어버리고 있는 걸까?

또 하나의 문제는 중동정책의 메신저들이다. 잘 알려진 것처럼
힐러리 클린턴 국무장관이나 이란정책을 총괄하는 데니스
로스(D. Ross) 걸프·서남아 특사는 대표적인 친이스라엘
노선의 주창자이다.
힐러리는 후보시절 친이스라엘 유권자들을 겨냥해 이란이
이스라엘을 공격하면 "완전히 지도에서 지워버리겠다"는
강경한 발언을 서슴지 않은 바 있다. 그리고 레버렛이
지적하듯이, 힐러리와 로스는 진정한 화해노선이라기보다는
여전히 이후 보다 강압적인 외교를 위한 명분 쌓기처럼 보이는
행보를 보이고 있다.

북한문제에서도 정확히 똑같은 오류들이 반복되고 있다.
북미간의 불신의 골은 결코 미국과 이란의 관계 못지않다.
하지만 오바마는 아직까지 그 골의 깊이에 상응하는, 북한조차
놀라고 흔들릴 정도의 대담한 접근을 보여주고 있지 않다.
여전히 압력과 대화를 적절히 배합하는 미적지근한 접근과

완전히 결별하고 있지 못한 것이다.

더구나 3월 중순 한미합동군사훈련이나 PSI(대량살상무기 확산방지 구상)는 여느 때와 다름없이 북한을 자극하고 그들이 도발할 수 있는 핑계를 제공하고 있다.

마치 이란의 싸늘한 언급처럼, 북한도 "다시는 절대로" 6자회담에 나가지 않겠다고 언급한 바 있다. 하지만 정세현 전 통일부장관이 지난 25일 〈프레시안〉에서 탁월하게 지적하고 있듯이("상중 핵실험, 황당해도 '동북아 안보' 구조적으로 봐야," 〈프레시안〉 2009. 5. 25), 그들은 너무 오버했다고 생각했는지 이 강경 성명에 뒤이어 『노동신문』에 묘한 논평을 내놓았다. "북미간 회담도 많이 했고 합의문건도 많이 만들었지만 이행된 것은 하나도 없다." 이것은 앞서 소개한 이란의 묘한 언급처럼, 대미 접근을 원하는 북한의 절실함을 역설적으로 드러낸 것으로 해석될 수 있다. 정말 정세현 전 장관의 표현처럼, 미국은 북한과 이란을 다루는 '매뉴얼'이라도 있어야 하지 않는가 하는 생각이 든다. 제목은 "그들의 말을 과학적으로 번역하는 법"

북한 담당팀에서도 이란팀에서 나타난 문제점과 그대로 같은 문제를 보인다. 남편보다 더 강경한 현실주의자로 오래전 변신한 힐러리 국무장관은 2월에 "북한이 후계문제를 둘러싸고 위기에 직면할 가능성이 있다"고 언급해 논란이 된 적이 있다. 이러한 발언은 서구나 한국의 입장에서는 상식적인 것이었지만, 극단적인 '포위심리'를 가진 이들에게는 정권교체 전략에 준하는 것으로 받아들여질 수밖에 없다.

이어 힐러리는 "북한이 6자회담에 자진해서 돌아오지 않으면
경제적 지원은 아무것도 없다"고 말해 다시 북한을 강하게
자극하였다. 이처럼 힐러리는 물밑에서 할 이야기와 공적으로
언급할 이야기를 구분할 줄도 모른다.

현재 일각에서는 북한이 상투적으로 반복하는 위기고조 게임을
지켜보면서 결국 대화국면으로 갈 것이라고 낙관적으로
이야기하고 있다. 물론 북미간 상호이익을 고려하면 그럴
것이다.
하지만 더 중요한 것은 이러한 일련의 행동들을 보면, 설령
위기가 진화된 이후라 하더라도 미국과 이란, 미국과 북한
사이에는 지속적으로 소통의 불일치가 발생하고, 이것은
끊임없이 소(小)위기를 양산할 것이라는 점이다. 어떤
방식으로든 이 문제를 극복할 수 있는 다양한 방안이 미리
준비되어야 할 것이다.

오바마의 미국은 모래시계와 같은 역사의 단순반복이 결코
아니다. 미국은 진화하고 있다. 하지만 이란과 북한에 대한
태도를 보면 여전히 역사와 인생의 복잡함으로부터 정확하고
풍부한 교훈을 이끌어내는 길은 아직 멀고 험한 것 같다.
미국의 힘이 약화되고, 반면 이란과 북한의 핵무장이
가속화될수록 이 교훈은 더욱 사활적인 중요성을 가질 것이다.

클린턴은 임기중 전직 보수 대통령이자 위대한 외교관인
리처드 닉슨으로부터 사교육을 받으며 무척 많이 배운 것에
흡족해한 바 있다. 요즘 이란과 북한에 대한 오바마의 태도를

보면 닉슨이 정말 그리워진다.

비록 닉슨은 가고 없지만 다행히 그의 파트너였던 헨리
키신저는 여전히 생존해 있다. 더 다행인 것인 과거 북한에 대한
클린턴의 어리석은 조치들에 지혜롭게 경고를 보냈던 지미
카터 전 대통령 그리고 뒤늦게 북한문제를 이해해 가기 시작한
클린턴 전 대통령이 있다는 사실이다.

키신저를 특사로 보내는 것도 매우 중요하지만, 오바마가 현재
가장 먼저 할 일은 이들과 함께 폭넓은 복기작업을 벌이는
것이다. "도대체 어디서 단추가 잘못 끼워진 것일까" 하는
화두로 말이다.

2009년 5월

오바마도
결국 네오콘?
: 고민에 빠진 '9·11 이후 리버럴'

오바마도 네오콘이라고 하면, 최근 한반도 사태에서 오바마
대통령의 강경 행보에 관한 얘기로 오해할지 모르겠다.
물론 부시 행정부 시절 네오콘(신보수주의자)들이 '창조적으로'
북한을 압박하기 위해 만들어낸 PSI(대량살상무기 확산방지
구상)나 금융제재가 오바마 행정부에 와서 더 진화되고 있다는
점에서, 아마 진보진영에서 그렇게 오해할 수 있는 여지는 있는
것 같다.

하지만 취임 이후 지금까지 미국의 진보진영을 가장 경악하게
한 버락 오바마 대통령의 행보는 무엇일까?
한반도 위기에 대한 강경 행보? 아프가니스탄 확전? 고문사진
공개 거부? 아니면 금융위기에 대한 정실 자본주의적 접근?
답은 '예방적 구금'이다. 얼마 전 오바마 대통령은 국내안보에
대한 구상을 밝히면서, 테러리스트로 추정되는 사람들에 대한
예방적 구금을 정당화하기 위한 정책적 검토에 들어갔음을
시사했다.

스티븐 스필버그의 유명한 SF영화 〈마이너리티
리포트〉(Minority Report)는 '미래사회'에서 경찰에 고용된

천리안들이 살인사건의 '필연적' 발생을 예견하고 살인
용의자를 미리 예방적으로 체포하는 것을 충격적인 상상력으로
그리고 있다.
그런데 평소 다소 순진할 정도로 유아적인 스티븐 스필버그와
이러한 냉소적 상상력은 사실 잘 어울리지 않았다. 그도
그럴 것이 이 영화의 원작을 쓴 사람은 널리 알려진 것처럼
〈블레이드 러너〉(Blade Runner)라는 불후의 명작이 만들어지게
한 필립 딕(P. Dick)이라는 천재 SF(엄밀한 의미에서는 전혀
미래공상과학 문학의 장르가 아니다) 소설가이다.

그가 이 〈마이너리티 리포트〉의 바탕이 된 소설을 집필한
때는 역사적으로 바로 미소냉전이 미국인들의 히스테리를
발생시켰던 시기이다.
그리고 그 시기 미국 네오콘의 선구자들은 소련을 핵으로
선제공격해 지도상에서 제거하자고 입에 거품을 물곤
했다(하지만 역사는 그들의 광기에 손을 들어주기보다는
아이러니하게도 네오콘의 후원자였던 레이건의 햇볕정책에 의한
소련의 점진적 붕괴를 선호했다).

그토록 천재적 상상력에 빛나는 필립 딕도 설마 냉전이
종료되고 모두들 평화가 오리라 생각했던 21세기에 철지난
네오콘들에 의해 예방적 독트린이 부활하리라고는 생각하지
못했을 것이다.

필립 딕이 더욱 상상할 수 없었던 것은 이러한 예방적
독트린이 '닥터 스트레인지러브'(스탠리 큐브릭의 영화에

나오는 극우전쟁광)에게서 나온 것이 아닐 뿐더러 합리적인
리버럴들에게도 일부 수용되고 있다는 사실이다.
과거 많은 이들이 조지 부시2세의 극단적인 예방 독트린에
충격을 받았지만, 실제로 이것은 이미 민주당의 행정부에서
국내외적으로 씨앗을 틔우고 있었다.
네오콘의 광기 어린 이론가인 윌리엄 크리스톨도 이러한
주장을 하면서 리버럴들을 비웃었는데, 다소 과장이 있었지만
진실의 일면이 존재했다.

사실 클린턴 행정부는 흔히 알려진 것과 달리 9·11테러가
발생하기 오래전부터 테러와의 전쟁에 대응하기 위해 국내외
패러다임의 변화를 고민하고 있다. 왜냐하면 클린턴 행정부
당시 이미 뉴욕 세계무역센터 지하주차장 폭파 사건 등 9·11을
충분히 예견하게 하는 징후들이 강하게 나타나고 있었기
때문이다.

당시 클린턴 행정부는 그와 같은 사건 이후 테러리스트로서의
위험이 예견되는 사람들을 예방적 구금의 견지에서 그
중범죄와 전혀 관계없는 경범죄로 미리 체포하는 안들을
검토하기도 했다. 할리우드 영화를 보면 국제적으로 악명 높은
범죄자가 어처구니없게도 전조등 고장으로 교통경찰에게
검문을 받다가 체포되는 일화가 나오는데, 바로 그런 것을 노린
것이다. 하지만 자유주의 정부이기에 민권단체들의 눈치를 볼
수밖에 없었던 클린턴 행정부는 이러한 예방적 정책을 강력히
추진하지는 못했다.
이후 클린턴의 측근인 딕 모리스는 이러한 예방적 구금

조치들을 강력히 추진했다면 9·11테러범들도 미리 검거했을 것이라는 다소 과장된 주장을 펼치기도 했다.

중요한 것은 오늘날 오바마 대통령은 클린턴 대통령과 달리 '9·11 이후 리버럴'이라는 점이다. 이는 곧 이라크침공 반대 등으로 오바마가 미국 진보파의 상징처럼 되어 있지만 사실은 테러리즘에 대한 국내외 노선에서는 클린턴 시대보다 더 네오콘과 거리가 가깝다는 것을 의미한다.

오바마의 곤혹스러운 상황을 제일 먼저 그리고 잘 드러내 보여준 것이 전 부통령 딕 체니의 거친 공격이다. 체니는 퇴임 부통령의 경우 초당적 행보를 보이는 관례도 깨고, 취임한 지 얼마 되지 않은 오바마 행정부의 유약한 대처를 공개적으로 비판하며 테러리스트들이 본토를 공격할 수 있다는 충격적인 메시지를 던진 바 있다.

일각에서는 강경보수인 체니의 이러한 언급이 그의 의도와 달리 공화당에 부정적 이미지만 계속 쌓이게 한다고 비난하기도 하지만, 문제가 그리 단순하지만은 않다. 만의 하나 오바마 임기중에 정말로 미국이 본토공격을 다시 받는다면, 시민들은 자신들의 정치적 경험과 체니의 메시지를 결합시켜 국가안보에 대한 오바마 행정부의 태도에 심각한 의문을 제기할 수 있다. 체니의 다소 어처구니없어 보이는 참주 선동의 메시지는 이러한 디스토피아적 미래를 위한 투자로 이해할 수 있다.

체니의 발언 이후 고문사진 공개 철회 결정을 둘러싼 논쟁은
오바마가 직면한 곤혹스러운 상황을 다시 한번 드러냈다.
사실 오바마는 애초에 사진공개를 쉽게 생각하고 민주당
안팎의 진보진영의 입장에 공감했다.
그러나 그렇지 않아도 인화물질이 산적한 사태에 기름을 붓는
게 될 것이라는 이라크 현지 군지휘관들의 우려와 반대가
강하고 힐러리 클린턴 국무장관이 가세하자 결국 그들의 손을
들어주었다.

과거 부시 시절 물고문 사전인지 여부로 오점을 남겼던
낸시 펠로시 하원의장은 민주당 내 좌우의 논란 속에서
갈팡질팡하면서 오바마에게 전혀 도움이 되지 못했다.
민권단체의 지적처럼 사진공개와 이라크의 치안 악화 사이의
인과관계에 대한 증거는 불충분하지만, 그렇다 하더라도
'만약에'라는 가정을 하지 않을 수 없는 것이 오바마의
처지이다.
왜냐하면 지금까지 이라크의 수렁은 아무리 헛발질을 해도
결국 부시의 전쟁에 불과했지만, 이제부터는 전적으로
오바마의 전쟁이기 때문이다.

오바마를 가장 곤혹스럽게 한 것은 전임 정부와의 질적
차이의 극적인 상징인 관타나모 기지를 폐쇄하려는 데 따르는
어려움이다.
그토록 오바마 행정부에 협조적이기만 할 것 같아 보였던
민주당 거물들이 관타나모 대신 자신의 지역구에 중범죄인들을
받아들여야 할지 모른다는 과장된 공포감을 표시하며, 2010년

선거를 염두에 두고 오바마를 한 순간 외면하는 현실은 문제의
어려움을 더할 수 없이 잘 보여준다.

물론 오바마 시대의 출범에 열광했던 독일 등 우방국가들도
관타나모 수감자들을 수용하는 데 따르는 여러 가지
법적·실무적 곤혹스러움 때문에 냉정하게 돌아서기는
마찬가지였다. 현재까지 프랑스에 1명, 영국에 1명을 이송하는
데 성공했을 뿐이다.
오바마 정부는 100여 개 나라의 정부와 접촉한 끝에, 최근 겨우
힘없는 팔라우에 당근을 주고 일부 수감자들을 이송하는 데
합의한 것으로 알려진다.

이러한 일련의 사태들 속에서 오바마는 '거대한 실패작'이라고
공격했던 부시 시절의 상징인 군사법정을 일부 절차를 보완해
유지하겠다고 공언하면서 민권단체를 다시 실망시켰다.

오바마가 처한 곤혹스러운 상황의 가장 극적인 징후는
군사법정 유지에 이어 심지어 예방적 구금에 대한 법리적
검토를 하겠다는 발언이다. 아마 미국의 민권단체들은 이제 그
지긋지긋한 부시 시대가 가고 나서 오바마의 입에서 그토록
무시무시한 말이 나왔을 때 귀를 의심했을 것이다. 하지만
이것이 오늘날 미국이 놓여 있는 곤혹스러운 상황의 핵심인
것도 사실이다.

관타나모 기지의 포로들은, 오바마 행정부가 다섯 가지 범주로
다양하게 구분하듯이 여러 색조로 이루어져 있다. 쉽게 방면할

수 있는 억울한 소시민과 쉽게 기소할 수 있는 무시무시한
테러리스트, 이렇게 두 그룹만 존재하는 게 아니다.

『인터내셔널 헤럴드 트리뷴』의 5월 23일 보도에 따르면, 어떤
테러리스트는 매우 위험한 사람이라고 판단되지만 부시 시절
고문받은 증거가 확보되어 있기 때문에 정상적인 법절차에서는
기소하기 어려운 그런 사례도 있다.

이렇게 현실은 배트맨 영화 〈다크 나이트〉에서 그리고 있는
냉소적 현실과 닮았다고 할 정도로 복잡하다. 9·11 이후 미국은
더 이상 선과 악의 대립 그리고 선의 깨끗한 승리라는 낭만적
환상에 도취되어 있기 어렵다는 것을 이 영화는 잘 보여준다.
영화의 마지막 장면은 미국사회가 테러와의 전쟁에서 고결한
자유주의자의 신화를 구하기 위해 배트맨에게 '더러운 역할'을
맡겨야 하는 곤혹스러움을 잘 표현해 주고 있다.

오바마 시대를 일관되게 괴롭힐 것은 바로 이것이다. 그
속에서 오바마는 미국 헌정주의 원칙을 절대적으로 추구하는
민권단체와 "테러와의 전쟁에서 중간지대는 없다"며 절대적
타락을 옹호하는 네오콘들 사이에서 다소 위태위태한 줄타기를
할 것이다.

그 과정에서 오바마는 자신이 그토록 혐오하던 제왕적
대통령에 대한 유혹에 시달릴지도 모른다.
따라서 부르스 애커만(B. Ackerman) 교수가 『아메리칸
프로스펙트』(*The American Prospect*)에서 제언하듯이, 초당적

특별위원회를 만들어서 초법적 타락에 대한 유혹을 견제하는
장치를 강구하는 것을 고려해야 할지도 모른다.

오바마가 두 선택지 사이에서 절묘한 균형점을 찾아내고
미국공화국의 순수성을 복원해 나갈지 자못 궁금하다.

2009년 6월

미국 진보의 집권,
오바마 때문이 아니었다
: '카트리나 순간'의 도래, 주체적으로 대응해야

미국과 한국에서는 지금 추모정국이 계속되고 있다. 미국은
마이클 잭슨에 대해서, 한국은 노무현 전 대통령에 대해서다.

음악가와 정치인이라는 전혀 다른 영역과 전혀 다른 사회의
맥락이지만, 이 두 인물은 한 가지 공통점이 있다. 힘없는
자들의 절절한 꿈, 즉 아메리칸 드림과 코리안 드림의
구현이라는 점이다.

최근 존경하는 대학 은사님을 뵌 자리에서 "봉하에 가봐야
노무현이 보인다"는 너무도 의미심장한 말씀을 들었다.
낙후된 농촌 중에서도 단연코 가장 끝자락에 있는 봉하는
서울왕국에서 살아온 내가 노무현의 고뇌와 희망과 좌절을
온전히 이해할 수 없었던 이유를 상징적으로 보여준다.

마찬가지로 뉴욕 여피 타운에서 살았던 나에게 마이클
잭슨이 태어난 노동자 타운 인디애나주(州) 게리는 잭슨의
드라마틱했던 삶과 음악을 온전히 이해할 수 없었던 이유를
상징적으로 보여주었다.

이 두 거장의 삶과 이들을 통한 시민의 꿈을 머리가 아니라
마음속 깊이 이해했을 때 비로소 추모정국의 본질을 이해할 수
있을 것이다.

하지만 두 거장의 영결식 분위기는 다소 달랐던 것 같다. 노무현
전 대통령의 영결식은 비통함과 비장함으로 가득 차 있었다.
반면 마이클 잭슨의 영결식은 비통하면서도 '스마일'이란
화두의 한 추도사와 노래처럼 동시에 가슴 벅찬 환희로 가득 차
있었다.

이런 차이를 만들어낸 이유 중 하나는 아마 노무현 전 대통령의
코리안 드림은 결국 기득권의 높은 벽 앞에서 비극적으로
실패했지만, 마이클 잭슨의 아메리칸 드림은 오바마를 통해
현재까지는 성공하고 있는 진행형이기 때문일 것이다.

며칠 전 참석했던 노무현 전 대통령 추모 심포지엄의 기억이
아직도 뇌리에서 떠나질 않는다.
발표자 좌석에 앉는 순간 갑자기 후회가 밀려오는 느낌이
들었다. 왜냐하면 내가 준비해 온 것은 의례적인
학술발표문이었지만, 하루 종일 꼿꼿이 앉아 앞을 응시하는
다수의 시민방청객들의 절절한 눈빛은 학술대회를 넘어 마치
1987년 민주화시대의 시민 대토론회를 연상시켰기 때문이다.

이들의 절절한 눈빛을 보면서 나의 뇌리를 스쳐간 생각은 이제
한국에서도 '카트리나 순간'(Katrina Moment)이 도래한 것인가
하는 것이었다.

카트리나 순간이란 2005년 뉴올리언스를 강타한 재난에 부시 정부가 철저히 무감각하게 대처하는 것을 보고, 많은 시민들이 마음속으로 부시 정부에 대한 기대를 완전히 접어버린 결정적 기점을 말한다.

그때까지만 해도 미국 민주당이 부시 행정부의 실정(失政)에 대해 소리 높여 성토했지만 시민들은 요지부동이었다. 하지만 반대로 카트리나 사건 직후부터는 부시 행정부가 뭘 해도 얼음장처럼 굳은 시민들의 마음은 돌아서질 않았다.

결국 시민들은 이듬해 중간선거에서 부시를 응징했고, 2008년 대선에서 오바마에게 승리를 안겨주었다. 그리고 나서야 겨우 시민들의 표정은 '스마일'로 바뀌기 시작했다. 부시 행정부와 다소 거리를 두었고 또 미국을 위한 진정성이 돋보이는 존 매케인 공화당 후보도 이 거대한 응징의 태풍 앞에서 속수무책이었다.

여론조사 결과를 보다 자세히 들여다보아야 하겠지만, 적어도 나의 느낌으로는 노무현 전 대통령을 추모하는 그 조그만 심포지엄은 2012년 한국사회 빅뱅의 의미심장한 징후처럼 보였다.

'카트리나 순간'이 새로운 시대정신의 도래를 알리는 결정적 징후였다면, 정치초년병 버락 오바마의 우연한 등장은 오래전부터 시대정신을 포착해 온 미국 자유주의 진영의 주체적 결과였다.

오바마의 성공적 집권 후 많은 이들은 오바마 리더십의 비밀을 물어보곤 한다. 하지만 그때마다 나는 오바마의 개인 리더십도 중요하지만 그를 탄생시킨 진영 전체의 리더십에 더 주목해야 한다고 지적하곤 했다. 동시에 너무 미국에 경도되기보다는 실사구시적으로 오늘날 한국에서 벌어지고 있는 혁신에 더 주목해야 한다고 말하곤 했다.

2013년 대한민국이 단지 과거의 비통함에 머물러 있지 않고 밝은 미래를 위한 '스마일'이란 노래가 울려 퍼지게 하기 위해서는 무엇이 필요할까?
한국의 합리적 진보를 꿈꾸는 이들은 이러한 질문들에 대해 넓은 합의에 기초한 구체적인 답을 찾아야 한다.

2009년 7월

제 발목 잡은 오바마,
기대심리 낮추고 성과를 내세우라
: 시대적 불운과 겹친 힘겨운 6개월

버락 오바마 미 대통령이 전세계에서 가장 부러워하는 나라는
어디일까? 아마 단연코 덴마크일 것이다. 왜? 노무현 전
대통령처럼 '유러피언 드림'의 선봉에 서 있는 덴마크의 삶의 질
수준이 부러워서일까?

엉뚱하게도 이유는 전혀 다른 곳에 있다. 덴마크 사람들은
삶에서 기대치가 가장 낮은 시민들로 유명하기 때문이다.
와이너(Weiner)라는 작가는 『인터내셔널 헤럴드 트리뷴』
22일자 칼럼에서, 이 낮은 기대치가 덴마크 사람들로 하여금
삶의 질 수준이 비슷한 핀란드나 스웨덴보다 더 행복한 삶을
누리게 한다고 지적하고 있다.

오바마 대통령이 덴마크를 부러워할 만한 이유가 바로 여기에
있다. 인생의 행복처럼 정치에서도 때로는 정책보다 이 '기대치
게임'이 모든 것을 결정해 버리기 때문이다.
와이너 식으로 말한다면 '정치 만족감=낮은 기대감'이란
공식으로 집약할 수도 있을 것이다.

오바마 대통령이 취임 후 6개월 동안 직면한 가장 힘든 장벽은

민주당 의원들의 비협조나 공화당 주류들의 훼방도 아니다. 그것은 바로 덴마크 사람들과 정반대로 미국인들의 지나치게 높은 기대치이다.

사실 기대치 게임의 틀을 벗어나서, 오바마 행정부와 유사한 자유주의 정부인 클린턴 행정부의 첫 6개월을 비교의 틀로 생각해 본다면 오바마 대통령의 정치 리더십은 놀랍다. 미국역사상 '정치적 안테나'가 가장 발달한 지도자 중 한 사람인 클린턴 전 대통령과 미국역사상 가장 초보적인 정치인 범주에 해당되는 오바마 현 대통령의 비교라는 점을 상기한다면, 오바마의 성공적 관리는 경이롭기까지 하다.

지난 6개월을 돌아보면, 한국과 달리 미국 자유주의 진영의 내공은 역시 탁월하다. 즉 과거 클린턴 시대 집권의 명암을 거치면서 이를 정교하게 해부하고 이후 성공의 디딤돌로 삼는 그들의 자세는 오바마 정부의 성공적인 관리로 귀결되었던 것이다.

이미 인수위 단계에서 오바마 정부는 수많은 아젠다의 우선순위 조정에 실패한 클린턴 정부의 한계를 극복한 바 있다. 그리고 토마스 맥라티라는 '아마추어' 비서실장이 주도한 인준청문회 정국에서 수많은 실수를 범한 클린턴 정부와 달리, 오바마 정부는 램 이매뉴얼이라는 '프로' 비서실장이 청문회를 주도함으로써 상대적으로 작은 생채기만 내고 인준청문회 정국을 이끌었다.

아젠다에서 주도력을 상실하고 군 동성애 등 민감한
사회적 이슈에 휩쓸려 간 클린턴 정부와 달리 오바마
정부는 동성애문제, 총기문제, 낙태·인종 문제 등과 같은
'인화물질'들을 비교적 조용하게 처리해 나가고 있다.
최근 헨리 루이스 게이츠 주니어(H. L. Gates Jr.) 하버드대
교수가 경찰에 체포된 사건에 대응하는 과정에서는 오바마는
자신의 말실수를 신속하게 사과하고 맥주파티를 가짐으로써
오히려 전화위복의 상황을 만들어내기도 했다.

비록 앞으로 대전쟁을 앞두고는 있지만, 의료보험 개혁
입법과정에서도 클린턴 시대의 무수한 아마추어 스타일의
실수를 거의 범하지 않고 있다.
뿐만 아니라 역대 어느 정부보다 신속하고 대담한 규모의
경기부양책이나 온실가스 감축 법안(현재 하원 통과)의 성공은
가장 가시적인 성과들이다. 그리고 국제적 외교·안보의 확고한
비전 제시 등은 취임 초에 현실주의와 이상주의 사이에서
좌충우돌한 클린턴 정부에 비해 미국 자유주의자들이 얼마나
진화해 왔는지를 생생히 보여준다.

하지만 미국인은 덴마크 국민이 아니고 또 그들처럼 하기에는
삶이 너무 고단하다. 비록 천문학적 경기부양 액수 중 불과
563억 달러만 집행된 상태이지만 실업률 9%, 재정적자 1조
달러 육박이라는 불길한 수치에 이미 중도층은 인내심이
고갈되고 있다.
〈AP〉통신 등의 조사에서 지적하고 있듯이, 오바마의 지지율이
취임 초 64%에서 현재 55%로 하향 조정되는 것은 흔히 찾아볼

수 있는 자연스러운 현상이지만 중도층 사이에서 무려 20%나 지지율이 빠지고 있는 것은 적신호가 아닐 수 없다.

이런 인내심 하락의 피냄새를 맡은 낯익은 상어들이 오바마 대통령을 워털루의 나폴레옹으로 만들기 위해 속속 몰려들고 있다.
콜린 파월 전 국무장관 같은 품위와 애국심을 가진 보수인사들은 오바마 정부에 대해 근심어린 조언을 내어놓는 반면, 과거 '클린턴 죽이기' 프로젝트를 주도했던 천민보수 전사들은 노골적으로 '오바마 죽이기'를 입에 올리고 있다. 이들은 무슨 일이 있어도 오바마와 타협하지 말라고 선동하며, 합리적 타협을 추구하는 공화당 인사들을 압박하고 있다. 즉 애초부터 클린턴을 '문명의 적'이라 규정하고 탄핵정국으로 몰아갔던 네오콘 전략가 윌리엄 크리스톨이나 뉴트 깅그리치 전 하원의장은 오바마 집권 초에 잠시 이제 초당적 시대가 왔다고 정치적 제스처를 취하다가 다시 노골적으로 본색을 드러낸 것이다.

물론 정치적 감각이 뛰어난 오바마 대통령은 정치의 ABC에 해당하는 '기대치 게임'의 속성을 잘 이해하고 있다. 그러하기에 그는 취임 이후 과도한 기대감을 줄이기 위해 다방면으로 부단히 노력해 왔다. 하지만 6개월이 지난 현재 그가 직면한 기대치 게임은 시대적 불운과 그의 실수가 어우러져 매우 복잡한 문법으로 움직인다는 것을 주목할 필요가 있다.

오바마에게 가장 심각한 불운이자 제약은, 미국인들은

자신들이 더 이상 미국을 황금기로 도약시켰던 진보 루즈벨트(프랭클린)나 보수 루즈벨트(시어도어) 혹은 도약의 환상을 심어주었던 레이건(미국의 아침)이나 클린턴(신경제)을 가질 수 없다는 것을 아직 선명하게 이해하지 못하고 있다는 사실이다.

물론 미국인들은 신용카드의 사용과 집 크기, SUV(스포츠형 다목적차량)의 운행을 줄여나가면서 자신 삶의 기대치를 재조정하고 있다. 그럼에도 아직 그들은 미국경제의 어려움이 이제 시작에 불과하다는 사실이라든가 국제적으로 미국이 아프가니스탄 등에서 깔끔한 철수나 강력한 개입 모두 불가능한 진흙탕 현실에 적응해야 한다는 사실까지는 인정하지 못한다.

그러나 미국인들은 점차 오바마가 낙관적 영웅 루즈벨트보다는 예지력을 가지고 미국의 암울한 미래를 지적했지만 결국 실패한 대통령으로 부당하게 규정당했던 지미 카터의 어려웠던 현실과 어떤 점에서는 더 닮아 있다는 것을 깨달아갈 것이다. 그간 미국 진보파의 과장된 기대치도 오바마 정부에 부담으로 작용하였으며 이제야 현실적 조정국면을 거치고 있다. 미국 진보파는 오바마 대통령이 이라크전쟁에 반대했던 이유를, 그가 진보주의자라서가 아니라 예리한 현실주의자이기 때문이라는 평범한 사실을 명료하게 인식하지 못했다.

이는 마치 한국에서 천민보수의 어리석은 환상과 달리 햇볕정책이 사실은 진보주의자의 노선이 아니라 북한체제를 잘 이해하는 현실주의자의 노선이었던 것과 같다. 이후에는 이

햇볕정책을 둘러싸고 진정한 이념적 색채들이 드러날 때가 올
것이다.
마찬가지로 오바마의 외교안보 노선은 중도주의자답게
현실주의적 관리 노선의 색채를 강화하고 있다.
상원에서 의사진행 방해에 휘둘리지 않는 슈퍼 다수당(무소속
포함해 60석 차지)의 지위가 된 것도 의도치 않게 오바마에 대한
기대치를 높이고 있다.

하지만 이미 경기부양책과 의료보험 개혁에서 오바마를
집요하게 괴롭히고 있듯이, 민주당 내 보수파 의원들은
오바마의 노선이 충분히 중도적 뉘앙스를 띤다고 여겨질
때까지는 절대로 타협하지 않을 것이다. 왜냐하면 그들은
클린턴 정부 초기의 진보적 노선에 힘을 보태다가 1994년
중간선거에서 살아 돌아오지 못한 의원들의 악몽에 짓눌려
있기 때문이다.

오바마 대통령에게 불운인 것은 미국은 커다란 이행기이고
자신에게 금융대개혁, 지구온난화 극복 등과 같은 혁명적
과제들을 요구하지만, 의회는 매우 현상 유지적이라는
사실이다. 미국 건국의 시조들은 상원을 미래 지향적 숙고의
기관으로 설정했지만, 지금 상원은 그다지 혁명적이라고
할 수도 없는 온실가스 감축 법안 통과에 필요한 수가 10표
이상이나 부족한 현실이다.
건국의 시조들과 달리 미국을 입법, 사법, 행정의 3부가 아니라
제4부로 미래의 유권자들을 대변하는 미래부라도 만들어야
할 정도로 시대적 기대치와 현실 사이에는 너무도 큰 간극이

존재한다.

이러한 불운에다가 오바마는 자신의 실수로 지형을 더
악화시켰다.
저명한 역사학자인 댈럭(R. Dallek)은 백악관과 역사학자들의
회동 이후 오바마 대통령이 큰 그림을 보고 있다고 만족감을
표시한 바 있다.
하지만 이러한 달콤한 칭찬에 동의할 수 없다. 경기회복의
가능성과 경기부양책의 효과를 지나치게 과장한 것이
정치적으로 기대치 게임에서 가장 치명적인 실수이며, 그
배경은 그가 아직 망가져 가고 있는 미국 시스템의 심연을
이해하지 못하고 있다는 것이다.

최근 실업률의 심상치 않은 움직임은 망가진 미국경제
시스템의 심연을 잘 드러내주는 징후이다. 예를 들어 실업률에
관한 기존의 관습적인 예측모델들은 그 무능을 드러내 보이며
이미 연방준비위원회는 10% 초과를 예상하고 있다. 게다가
이런 걸으로 나타난 수치만이 아니라 그 내용에서도 심상치
않다.
『뉴욕타임스』 26일자 보도가 잘 지적하듯, 일반적인 불황기
패턴과 달리 기업들이 이른바 잉여인력들뿐 아니라 핵심
역량들까지도 손대고 있고 심지어 이른바 '구직 이동성'의
저하도 신기록을 나타내고 있다. 이 이동성이야말로
전세계적으로 미국경제의 역동성을 보여주는 지표였다는 점에,
그 심각성이 있다.

더구나 임금이 저하하고 있는 현실은, 오바마 대통령의
경제자문인 로라 타이슨 교수의 제안처럼 곧 2차 경기부양
조치의 절박성을 시사한다.
하지만 이러한 조치에 합의를 이끌어낼 만큼의 정치적 자본은
거의 남아 있지 않다. 더 곤혹스러운 것은, 설령 가능하다 해도
누리엘 루비니 교수의 지적처럼 추가부양책을 시행하게 되면
초인플레이션의 큰 위험성이 도사리고 있다는 사실이다.

최근 악화되고 있는 실업률이 미국 국내 시스템에서 오바마의
낙관론에 대한 경고라면, 아프가니스탄이나 이란, 북한
등에서의 교착상태는 오바마의 외교·안보 영역에서의 낙관론에
대한 경고이다.

오바마 대통령은 아직 이란, 북한, 러시아 및 이스라엘과
팔레스타인의 관계 등에서 클린턴과 부시 시대를 거치면서
형성된 굴곡을 과소평가하고 있다. 자신이 생각했던 것보다
훨씬 더 큰 이러한 어려움은 흔히 대통령들에게 큰 좌절감을
안겨주고 스트레스를 가중시킨다.

클린턴 전 대통령도 살인적인 일정 속에서 되는 일은 없고
시민들이 자신의 탁월한 정책성과를 전혀 들어보지 못했다는
것에 자주 화를 폭발시키곤 했다. 요컨대 모든 문제를 시민들의
탓으로 돌려버리는 심리가 생긴 것이다.

앞으로 본격적인 대회전을 앞두고 오바마 대통령은
심리적으로나 일정에 있어서 지혜로운 조정국면을 거치는 것이

가장 중요할 것이다. 더 중요한 것은 지난 6개월에 대한 반성을
통해서, 행보는 비록 정치지형상 대담하기 어려워도 큰 그림에
대해서는 장기적이고 근본적인 인식을 가질 필요가 있다는
것이다.
티머시 가이트너 재무장관처럼 관성적 프레임 속에서 표피적인
추세만 보는 사람들의 이야기만 듣는다면, 오바마는 이후에도
기대치 게임에서 끊임없이 실패하고 정치자본은 바닥이 날
것이다.

이제 오바마는 주변인물들의 이념적 폭을 좀더 넓히고 이후
경제 악화나 호전 등의 여러 가지 시나리오에 대한 다양한
예방적 전략들을 마련할 필요가 있다.
아마 앞으로 오바마에게 가장 고통스러운 것은 자신의
광범위한 아젠다를 재조정해야 할 필요성일 것이다. 어쩌면
그는 진보파들을 실망시키면서까지 의료보험 개혁안을 더
후퇴시켜야 할지도 모른다.
왜냐하면 개혁 자체의 무산은 그의 정치적 자본에 너무도
치명적일 것이기 때문이다. 뿐더러 그는 재정적자를 줄이기
위해 사회연금 개혁 등에서도 고통스러운 결정에 직면해야만
할 것이다.

흥미로운 것은 정치가 언제나 그러하듯이 그가 위기에
봉착하자 지지층들이 다시 긴장하고 있다는 사실이다.
22일자의 한 칼럼에 따르면, 리버럴 민주당원들은 오바마에
대한 불평에도 불구하고 취임식 당시 90%이던 지지율이 현재
96%의 지지율을 보이고 있다.

그리고 아직까지는 오바마의 개인적 정치자본은 충분히 잔고를 가지고 있다. 심지어 의료보험 개혁이 실패를 할 경우를 가정한다 하더라도, 시민들은 그 책임을 기득권을 옹호하는 보험회사에 30%, 무조건 반대만 일삼는 공화당에 22%, 무능한 민주당에 11% 그리고 마지막으로 오바마 대통령에게는 단 4% 돌리고 있다는 사실이 이를 반증한다.

향후 오바마 정부의 운명은 6개월의 기대치 게임에서의 제약과 실수를 성찰하고 그로부터 이 게임을 얼마나 지혜롭게 관리해 나가는가에 달렸다 해도 과언이 아니다.

2009년 7월

'게걸스러운' 빌과
'차가운' 버락이 만날 때
: 쿨한 두 대통령의 전혀 다른 내면

최근 빌 클린턴 전 미국 대통령은 북한에 구속됐던 여기자들을
구출하는 데 성공함으로써 미국 최고의 매력남 지위로
복귀했다.

일각에서는 앞으로 다양한 영역에서 클린턴과 버락 오바마
대통령의 매력적인 파트너십이 발휘될 것이라고 말한다.
민주당 출신 전·현직 대통령의 파트너십이 흥미로운 것은 둘
다 미국역사상 가장 '쿨(cool)한'(매력적인) 대통령의 계보에
속하기 때문이다.

하지만 두 사람은 정치스타일에 있어 너무도 다르다. 물론
한 사람은 베이비붐 세대이고 또 한 사람은 포스트 베이비
붐 세대이기 때문에 어느 정도 세대차이를 가지고 있겠지만,
기질에 있어서도 매우 다르다.

사실 이 정치스타일의 문제는 그저 호사가의 안주거리 수준의
것이 아니다. 선거나 국정운영의 상당 부분에 실제적으로
영향을 끼치는 매우 중요한 측면이기 때문이다.

한 시대를 이끌고자 하는 정치인들은 이에 대한 연구를 굉장히 많이 할 필요가 있다. 특히 한국처럼 '쿨한' 정치스타일에 대한 고민이나 노력조차 극도로 빈약한 곳에서는, 여기에 '블루오션'이 존재한다.

클린턴을 규정하는 가장 큰 특징은 엄청난 정치광이라는 사실이다. 그래서 그는 걸어다니는 정치사전이라 불리며, 그의 가장 큰 취미는 정치전략이나 정치광고를 만드는 것이다. 정치 자체에 대한 클린턴의 열정과 집착을 잘 보여주는 에피소드는 셀 수 없이 많다.

이와 관련하여 존 해리스 기자의 책은 한 가지 예를 들려주고 있다. 1987년 클린턴은 지독한 악천후에도 불구하고 표 다지기를 위해 작은 비행기를 타고 아칸소의 길렛이라는 지역으로 가다가 비행기 사고를 당해 죽을 뻔한 경험을 했다고 한다. 하지만 클린턴은 간신히 목숨을 건졌다는 생각은 잊고 표 다지기를 위한 행사장에 갈 수 있는 사실 자체에 너무도 기뻐한 것으로 알려진다.

반면 오바마는 미국 주류정치에서 매우 예외적인 기질에 속한다. 오바마가 상원의원이던 시절, 기자들은 그가 이른바 '범생이'나 교수처럼 퇴근 후에 인적 네트워크를 관리하기보다는 집에서 조용히 책 읽는 것에 더 매진하는 것에 놀라워했다.

물론 오바마는 교수보다는 정치가의 기질이 더 많다. 하지만 그가 정치에 접근하는 방식은 클린턴보다 더 사회운동가 모델에 가깝다. 즉 끊임없이 가치와 대의를 상기하고 성찰하며 집단을 조직하려고 하는 점이 그러하다. 물론 이런 것은 지역 운동가의 경험에서 비롯되었을 것이다.

하지만 한국의 이른바 386출신들 가운데 제도권 정치에 들어가서 쉽게 정치꾼으로 변질한 몇몇을 상기해 보면, 단순히 그의 출신배경만으로 설명할 수 없는 어떤 것이 있다. 이런 점에서는 오히려 그의 기질 자체가 사회운동가로서의 특성을 가지고 있는 것으로 보인다.

어쨌든 오바마의 운동가 기질은 지난 선거에서도 유감없이 발휘되었다. 예컨대 그는 지난 대선기간 동안 자신의 선거운동을 캠페인이 아니라 사회운동으로 규정하고 싶어했다.

그는 지금도 제도권 정치와 온·오프 사회운동의 협력으로 새로운 21세기 국정운영 모델을 실험하고 있다. 캠페인이란 말을 무척 좋아하고 캠페인 전략을 짜는 것에서 최대의 희열을 느꼈다는 클린턴과는 매우 다른 기질과 환경인 것이다.

정치적 감각과 전략이 매우 뛰어난 클린턴이기에 그는 일찍부터 주목을 받아왔다. 그래서 약간 과장하자면 대학시절 가까운 친구들은 이미 그가 대통령 당선 후 정권인수위에 있는 것마냥 그를 대했다고 한다. 힐러리는 클린턴이 대통령이 될 것이라고 100% 확신하기까지 했는데, 이를 본 그녀의 지도교수가 어처구니없어 했다는 일화도 있다.

이러한 클린턴이었던 터라, 그는 매우 일찍부터 극우보수
진영의 강력한 견제를 받아왔다. 그래서 클린턴 부부의
친구인 언론인 시드니 블루멘탈(S. Blumenthal)은 『클린턴
죽이기』라는 책에서 극우보수 진영의 음모를 샅샅이
폭로하기도 했다.

보수와 진보로 양극화된 투쟁의 시대에 정치적 생존을 위한
당파적 투쟁은 클린턴 부부의 이중적 정체성을 형성하는 데
한몫했다. 이 이중성 가운데 하나만 이해한다면 결코 클린턴을
제대로 아는 게 아니다.
이것은 마치 매우 당파적인 듯 보이면서도 동시에 '구시대의
막내'에서 벗어나기 위해 몸부림쳤던 노무현 전 대통령의
이중성과 유사하다.

즉 하나는, 자신을 정치적으로 죽이고자 하는 진영에 맞서
탁월한 당파적 전략과 마인드를 발휘하는 것이다. 또 하나는,
극우세력이 오해 혹은 왜곡하는 것과 달리 남부 출신으로서의
중도적 정체성을 가지고 '구시대의 막내'에서 벗어나고자 매우
초당적 행보를 추구하는 것이다.

예를 들어 클린턴 전 대통령이 북미자유무역협정(NAFTA)의
비준에 적극 나선 것에 대해, 진보파는 두고두고 그를 비난하고
있다.
부인 힐러리가 갈수록 중도로 기울어지고, 상원의원 시절에는
매파로 변신한 것은 바로 이 후자의 정체성이 드러나는
과정이었다. 하지만 그녀는 끝내 보수파의 인정을 받지도

못했고, 진보파는 그녀 대신에 오바마를 선택했다.

반면 오바마는 이러한 적과 아의 치열한 문화투쟁 세대에서
다소 비켜나 있다. 그리고 그가 주로 기반하고 있는 젊은
세대들은 보수와 진보의 이념적 레이블에는 별 관심이
없다. 그래서 비단 오바마만이 아니라 다른 젊은 흑인세대
지도자들도 과거 알 샤프톤 목사 등과 달리 맺힌 것도 적고
상대적으로 매우 초당적이고 실용적이다.

더구나 놀라울 정도로 상대방의 입장에 공감하는 오바마의
기질은 그의 초당성을 더욱 두드러지게 한다. 그래서 오바마가
진보주의자들이 혐오하거나 경멸하는 도널드 레이건 전
대통령에 대해 다소 우호적으로 언급했을 때 민주당의 기존
세대들은 매우 민감하게 반응하기도 했다.

당시는 선거과정이라 그랬기도 했지만, 오바마는 맥락을
떠나서 레이건에 대한 자신의 긍정적 언사 자체를 비난하는
사람들을 도저히 이해할 수 없어 어리둥절해했다. 하지만 이들
민주당 인사들의 느낌은 마치 과거 박정희 시절 고문실에서
거꾸로 매달렸던 한국의 민주당 인사들이 오늘날 박정희
열풍을 볼 때 느끼는 감정과 비슷했을 것이다.

클린턴은 최고의 '정치 DNA'를 가지고 있으면서도 절제력
결여라는 면에서는 최악의 DNA를 가지고 있었다는 명암이
있다. 그의 방만한 스타일은 국정운영에서도 그대로 드러났다.

콜린 파월 전 합참의장이 혀를 차면서 "방만한 커피하우스의

토론"이라고 비난했듯이, 클린턴 임기 초의 백악관은 마치 운동권 학생들 세미나의 장을 방불케 했다. 클린턴은 치즈피자 조각을 입에 물고 즐겨 심야회의를 개최하곤 했다. 이후에는 역으로 자신의 의중을 잘 드러내지 않는 스타일로 바뀌어 주변을 매우 혼란스럽게 하기도 했다.

클린턴의 방만함은 여러 분야에서 일관된다. 그는 자기통제력이 부족해 자주 성질을 폭발하기로 악명 높다. 아침에 그를 깨우러 가는 일은 저승사자를 만나러 가는 것과 같았다고 한다. 그가 전략가인 딕 모리스와 뒤엉켜 뒹굴며 주먹다짐까지 한 일화는 유명하다.

그래서 그의 핵심 측근인 스탠리 그린버그조차 클린턴의 자기통제력 부족을 대통령이 되기에는 너무 심각한 결격사유로 여길 정도였다. 뿐만 아니라 후에 부통령이 된 고어는 클린턴이 대통령이 되지 못할 것이라고 확신하고, 백만장자이자 대중영합주의자인 무소속 로스 페로 후보의 러닝메이트가 될 건지를 검토했다고 한다.

클린턴의 방만함의 극치는 음식과 여자에 대한 광적인 집착으로도 나타났다. 그의 보좌관들은 음식과 여자로부터 클린턴을 격리시키는 것에 언제나 큰 어려움을 겪곤 했다.

그는 여자관계로 인해 입을 수도 있는 정치적 치명상을 잊고 본능적으로 위험을 감수하곤 했다. 결국 그의 정사에 대한 위험한 본능은 그의 집권 2기 아젠다를 사장시키고 오로지 섹스

스캔들 방어에 '올인'하게 만들고 말았다.

그리고 클린턴은 스트레스가 심하면 엄청난 식욕으로 이를
풀곤 했다. 대변인 조지 스테파노플러스(G. Stepanoplous)는
이것을 목격하고 경악을 금치 못하였다고 한다.

반면 오바마는 정나미가 떨어질 정도로 자기통제력의
달인이다. 그의 적절히 통제된 회의 스타일은 과거 루즈벨트와
케네디의 정제된 리더십을 연상시킨다. 그는 다양한 안의
장단점을 정교하게 재단하고, 참여한 모든 사람의 에너지를
흡수해 낸다.

난상토론이지만 모든 이가 적극적으로 참여할 필요가 없는
클린턴의 회의와 달리, 오바마의 회의에 참석하는 사람들은
반드시 자신의 머리를 쥐어짜내어 회의에 기여해야만 한다.
물론 일각에서는 오바마의 아젠다가 너무 방만하고 많다고,
그의 리더십에 의문을 제기하기도 한다. 하지만 이것은 그가
방만하기 때문이 아니라, 현재가 전반적으로 대전환기라는
상황인식을 가지고 있기 때문이다.

오바마의 정교한 회의방식은 측근들로서는 매우 부담되겠지만,
오바마의 성격 관리에서는 측근들이 행복해할 것이다.
왜냐하면 오바마는 웬만해서는 냉정함을 잃어버리는 일이
드물기 때문이다. 심지어 그는 지난 선거 중반에 고전을
면치 못하고 있을 때, 주변사람들에게 성질을 부리며 책임을
전가하는 클린턴과 달리 담담하게 자기 책임을 인정하여
주위사람들을 놀라게 하기도 했다.

음식과 여자 문제에서도 오바마는 클린턴에 비해서 매우
금욕적이고 철저히 통제된 스타일을 보이고 있다. 그는
헬스클럽에 가서 운동하는 것을 마치 종교적 행사처럼
여기는데, 그가 얼마나 자기통제를 중시하는가를 엿볼 수 있는
대목이다.

미국의 자유주의자들은 공전의 히트를 기록한 드라마 〈웨스트
윙〉에서 클린턴 시대에 대한 아쉬움을 자신의 이상향을
등장시키며 드러냈다. 마틴 쉰(M. Sheen)이 열연한 바틀리
대통령이다. 그는 대중과 소통을 잘하고 정치적 리더십을
잘 발휘하면서도 클린턴에게 빠져 있는 그 무엇을 가지고
있다. 때로는 성찰하고 가족적이며 종교적이고 애국적인
자유주의자로서의 면모다.

과연 앞으로 오바마의 스타일이 클린턴과 달리 어떤 진화와
한계로 나타날지 궁금해진다.

2009년 3월

의료보험 개혁,
초당주의를 넘어서
: 클린턴과 오바마를 위한 변명

역시 오바마는 '컴백 키드'(comeback kid)였다. 조기 레임덕을
이야기하는 논객들을 비웃기나 하듯, 9일 상하원 합동
의회연설로 다시 돌아왔다.
그는 언제나 돌아온다. 과거 선거과정에서도 미니 슈퍼 화요일
예비경선에서 의외로 패배했을 때나, 아니면 그의 담임목사
제레미야 라이트(J. Wright) 스캔들로 타격을 받았을 때도
어김없이 더 멋지게 돌아왔다.

그런 점에서 오바마는 전직 대통령 클린턴과 참 많이 닮았다.
1992년 선거과정에서 수없이 터지는 스캔들로 최측근들마저
"이제는 진짜 끝"이라며 짐을 쌌을 때, 그는 어김없이 돌아왔다.
그때부터 그의 별명은 '컴백 키드'였다. 집권 후 탄핵정국에서도
클린턴은 대통령을 갈아치우려는 깅그리치 하원의장을
비웃으며 어김없이 귀환했다.

그래서 클린턴은 주지사 시절부터 지금까지 수십 년간 자신을
정치적으로 죽이고자 하는 극우진영을 향해, 자기는 맞으면
맞을수록 더 강하게 튀어오르는 펀치 백 같은 존재라는 것을
모르고 있다고 조롱하곤 했다.

9일 연설로 돌아온 오바마 역시 대단한 펀치 백임을 증명했다. 연설이 있기 전 한동안 미국이나 한국의 친구들로부터 오바마에 대해 실망한 이야기를 많이 듣곤 했다. 어떤 이는 너무 준비 없이 집권했다고 하고, 또 어떤 이는 정치적 스킬이 부족하다거나 너무 유약하다고 안타까워하기도 했다.

이런 비판들에 대해서 공감하는 부분도 있지만, 일부는 미국정치 내부의 복잡한 지형에 대한 통찰에 근거하고 있기보다 그저 인상비평에 그친 것이기도 한다. 오바마만이 아니라 클린턴도 자신의 진영으로부터 공정한 비판만 받은 것이 아니라 수많은 부당한 비난에 시달려야만 했다.

오바마의 멋진 의회연설을 지켜보면서 가장 기뻐한 사람은 아마 클린턴이 아닐까 생각된다. 오바마는 이날 마치 16년 전 클린턴의 의회연설처럼, 자신에게 쏟아진 수많은 참주 선동과 비난들에 맞서 열정적으로 자신의 비전을 토로했다. 만약 클린턴에게 다시 그곳에서 연설할 기회가 주어진다면, 1994년 의료보험 개혁 실패 이후 자신에게 쏟아진 갖가지 부당한 비난들에 대항해 오바마보다 더 열정적으로 연설하여 국민들을 감동시키거나 죄책감을 느끼게 했을 것이다.

클린턴에게 쏟아진 비난 가운데 가장 대표적인 것이 왜 의회를 무시하고 백악관에서 모든 법안을 만들어 타협의 여지를 줄였는가 하는 점이다. 이 점에 대해 클린턴은 무척 억울해한다. 최근 그는 『에스콰이어』와의 인터뷰에서 격정적으로 자신의 소회를 토로한 바 있다. 인터뷰에서 클린턴은 흔히 지적되는

것과 달리, 사실은 오바마와 똑같이 의회가 법안을 주도하도록
요청했었다고 밝히고 있다.

하지만 당시 의회의 막강한 행위자였던 하원 세입·세출위
위원장 로스텐코우스키(Rostenkowski)는 만약 백악관이
완전한 형태의 법안을 보내지 않으면 절대로 이를 다루지
않겠다고 물러서지 않았다. 이후 클린턴 정부는 의회주의
정치력을 발휘할 생각은 안하고 오만하고 아마추어적으로 수백
페이지짜리의 완성된 법안을 보내 스스로 파멸을 자초했다고,
두고두고 논객들로부터 비난을 받아야 했다.

오바마는 정반대의 의미로 비난을 받아왔다. 즉 클린턴의
오류를 너무 심하게 학습해 의회에 지나치게 많은 주도권을
주었다고 비난받은 것이다. 하지만 이것도 공정한 비판인지는
다소 의문이다.

클린턴이 인터뷰에서 지적하고 있듯이, 1993년 당시 상원에서
민주당과 공화당의 의석 수는 '55 대 45'였다. 민주당 의원의
숫자가 공화당의 의사진행 방해를 저지할 수 있는 60석에서
상당히 모자란 현실에서, 공화당은 마음껏 백악관의 안(案)을
유린했다.
하지만 최근 에드워드 케네디 상원의원의 서거 전에 60석에
육박했던 민주당의 유리한 지형 등을 감안한 공화당은
1993년과 달리 자꾸만 협상하자고 달라붙고 있다.
클린턴으로서는 부러운 상황전개인 셈이다.

이러한 지형변화에 힘입어 오바마 진영은 최대한 초당적 모양새를 갖추면서 공화당을 압박하는 것이 가능해졌다. 물론 그렇다고 해서 공화당 안을 50% 수용하는 정도로 초당적으로 합의하려는 것은 아니다. 다만 인내심 있게 의회와 여론의 펀치를 맞다가 결정적 분기점에 도달한 시점에서 본격적으로 공세로 전환하는 것이다.

바로 지금이 그 시기인 것이다.

공화당은 매우 공세적인 동시에 초당적으로 들리는 오바마의 연설과 의료보험 개혁에 대한 지지율의 급상승에 상당히 당황해하고 있다. 연설 직후 진행된 각종 여론조사는 부동층 사이에서까지 지지도가 올라가고 있는 것을 보여줬다.

오바마의 연설과 클린턴 대통령의 최근 인터뷰는 다음 세 가지 영역에서 그들이 정확하게 공통된 문제의식을 가지고 행동하고 있음을 시사한다.

첫째, 이제는 행동주의의 시기라는 점이다.

클린턴 전 대통령은 인터뷰에서 시민들이 대선에서 오바마를 선택한 것은 "다양한 선택을 해야만 하는 세상에서 이를 침착하고 지성적으로 다룰 수 있는" 시대정신에 적합한 인물이라고 판단했기 때문이라고 말했다.

하지만 클린턴은 이제 오바마가 집권한 현실에서 시민들의 기대치가 달라졌음을 예리하게 지적한다. 오바마가 자신의 약속을 단호하게 집행해(stand and deliver) 나갈지를

검증하고 있다는 것이다. 오바마 정부의 명운은 바로 이
'실행'(deliver)능력의 여부에 달렸다고 클린턴은 말한다.
그러면서 그는 공화당이 무슨 짓을 하든 무시하라고 조언한다.
대신 실행능력을 보여주는 것에 모든 것을 걸라고 호소한다.

오바마는 역시 클린턴 정신의 탁월한 계승자였다.
오바마 연설의 핵심도 바로 이 실행이었기 때문이다. 흔히
클린턴은 현실주의 정치가이고 오바마는 이상주의자라고
대비하곤 하는데, 사실은 둘 다 진보적인 꿈을 가지면서도 그
꿈을 가장 현실주의적으로 실천하는 것을 좋아하는 실용적
진보주의자들이다.

오바마가 연설에서 백악관 안의 핵심을 공적 보험 유지로
파악하는 진보주의자들에게 강한 비판을 퍼부은 것은, 현재
가장 중요한 것은 공적 보험 포함이냐 아니냐가 아니라 오바마
정부가 실행력을 보여주는가 그렇지 못하는가임을 이해하고
있기 때문이다.
클린턴은 인터뷰에서 오바마 정부의 핵심 과제를 "일단 무조건
성공해라. 문제점은 그후에 고치면 되지 않느냐"고 지적하고
있다.
실제로 그는 1996년 재선을 앞두고 복지개혁에서 여러
독소조항을 포함하면서도 공화당과 타협을 추진해 크게 논란을
일으킨 바 있다. 당시 미국의 많은 진보논객들은 클린턴의
무조건적인 성공주의에 강한 비판을 퍼부었다.
하지만 재선에 성공한 후 클린턴은 약속대로 독소조항을
고쳐나갔고 그의 복지개혁은 오늘날 비교적 좋은

평가를 받고 있다.

마찬가지로 지금 현실의 지형에서 오바마에게 의료보험 개혁 이슈의 핵심은 일단 성공하는 것이라고 보이는 것이다. 그렇지 않으면 이 이슈를 넘어 자칫하면 오바마 시대는 잃어버린 세월 취급을 받기 십상이다.

클린턴의 문제의식을 공유하고 있는 오바마는 앞으로 몇 주간 진보의 비난을 받아가면서도 이 입법의 성공과 실행력을 보여주는 것에 올인 할 것으로 보인다. 하원의 진보파도 앞으로 몇 주간 심각하게 고민해야 할 시점이 다가올 것이다.

둘째, 클린턴과 오바마는 초당주의자라는 근사한 브랜드에 환상을 가지고 있지 않다.

클린턴의 의료개혁안은 극우진영에서 사회주의적이라고 비난하는 것과 달리, 선택과 경쟁을 가치로 삼은 중도적 노선이었다. 그리고 오늘날 공·사 보험시장에서의 경쟁을 추구하는 오바마의 안은 어느 논객의 지적처럼 보수의 아성인 헤리티지 재단의 아이디어를 벤치마킹한 것처럼 보이기까지 한다.

사실 과거 공화당의 보수 대통령인 닉슨의 전국민 의료보험안은 오바마 대통령의 안보다 더 진보적이었다. 하지만 당연하게도 이 두 안이 객관적으로 중도적이라는 것과 실제로 중도적으로 받아들여지고 있는지는 전혀 별개의 문제이다.

1993년 당시 공화당의 지도자는 품위를 가진 노(老)정객 밥 돌(B. Dole) 상원의원이었다. 클린턴이 인터뷰에서 밝힌 것처럼, 그는 클린턴과 함께 초당적으로 법안을 만들고자 하는 의지를 가지고 있었다.

하지만 동시에 그는 1996년 대선을 겨냥하고 있는 대선후보였다. 당시 극우적인 네오콘인 빌 크리스톨이 무슨 수를 써서든 의료보험 개혁을 좌초시키자고 하는 제안문건을 돌렸을 때, 이 제안을 그가 거부하기는 어려웠다.

마찬가지로 앞으로 수십 년간 불임정당이 될지 모른다는 위기감에 휩싸인 공화당은 혹시 오바마의 임기를 지금 좌초시킬 수 있을지 모른다는 흥분에 전율하고 있다. 1994년에 사실상 의원내각제 스타일의 총리를 꿈꾸었던 깅그리치 전 하원의장은 이제 다시 대선후보의 카드를 만지작거리고 있다.

오바마는 흔히 오해하듯 초당적 환상에 사로잡힌 서생이 아니다. 그는 언제 초당적이어야 하고 언제 당파적이어야 하는지를 안다. 9일 연설에서 그는 깅그리치의 공화당원들에게 매우 강한 톤으로 경고하고 있다. "나는 의료보험 개혁을 시도한 첫 대통령은 아니지만 마지막일 것"이라는 이야기는 공화당이 대안이 아닌 반대를 가지고 '장사'를 하는 시대를 끝내겠다는 강한 의지의 표현이다.

마지막으로, 클린턴의 인터뷰와 오바마의 연설로 그들은 역시 로버트 케네디, 에드워드 케네디의 정신을 잇는 '자유주의의 사자'임을 다시 한번 보여주었다.

미국 민주당은 거칠게 나누자면 두 가지 전통이 있다. 하나는 대선에서 연거푸 패배하였지만 미국역사상 가장 지성주의적인 정치인 가운데 한 사람인 아들라이 스티븐슨(A. Stevenson)의 전통이다. 대선에서 쓴 잔을 마신 존 케리나 앨 고어는 이 계보에 속한다.

또 하나는 혜성같이 나타났다가 암살의 비운을 맞은 바비 케네디와 같이 열정적인 정치지도자의 전통이다. 2004년 대선에서 쓴 잔을 마신 하워드 딘이나 얼마 전 서거한 에드워드 케네디 같은 이들이 그러하다.
예외적으로 이 두 전통을 잘 융합시킨 이들도 존재한다. 클린턴 전 대통령이나 한국의 경우를 비유하자면 김대중 전 대통령이 그러하다. 사실 클린턴은 정치 초기에는 지나치게 지성주의자에 가까워 대중들과 거리감이 있었지만 점차 이 양자를 원숙하게 조화시켜 나갔다.

김대중 전 대통령의 경우에 기질은 지성주의에 더 가깝지만 치열한 노력으로 대중성을 획득해 나간 경우이다.
오바마도 기질적으로 김대중 전 대통령처럼 지성적이고 성찰적이다. 그래서 사람들은 그가 때로는 너무 냉정하고 햄릿처럼 생각이 너무 많다고 비판하곤 한다.
하지만 9일 연설은 그가 클린턴의 전통을 잘 이어가고 있음을 보여주었다. 그는 고 에드워드 케네디의 마지막 편지를 언급하면서 사회적 정의야말로 민주공화국의 핵심이라고 호소했다.

클린턴의 핵심 측근이었던 조지 스테파노플러스는 이 연설이 오바마가 취임 후 지금까지 한 연설 중 가장 감성적이라고

평가했다. 정치평론가 이제이 디온은 오바마가 이제 냉정한
스티븐슨이 아니라 전투적인 해리 트루먼 전 대통령에게서
역할모델을 발견하는 것 같다고 촌철살인의 논평을 내놓았다.

의료보험 개혁을 둘러싼 논쟁은 수많은 잽을 교환하다가 이제
드디어 본격적인 격투기의 막이 올랐다. 의료보험 개혁에
대한 지지율이 급상승한 오바마는 성공할 수 있을까? 아직도
다양한 세력들 나름의 손익계산이 다차원적으로 맞부딪치며
첩첩산중과 같은 장애가 기다리고 있다. 예를 들어 앞으로
상원에서 단순 과반수 통과의 절차적 정당성과 그 가능성
여부를 둘러싸고 여야와 집권당 내부의 치열한 전투와
여론전쟁이 가속화될 것이다.
하지만 클린턴은 인터뷰에서, 패배주의를 불식시키기 위해
자신은 패배했지만 오바마는 성공할 것이라고 단언한다.
미국에서 가장 정치적 안테나가 발달한 사람으로 평가받는
클린턴이므로, 그의 과학적 전망 혹은 희망 섞인 격려는 민주당
진영에게 큰 힘이 되어줄 것이다.

비록 이후 전망은 불투명하지만 강경보수들이 말하고 일부
생각 없는 진보들이 수용하는 이른바 '잃어버린 8년'
패러다임에 대한 전직 대통령의 치열한 투쟁과 미래를 위한
현직 대통령의 대담한 도전은, 미국에 아직은 작지만 소중한
희망이 있음을 보여준다.

2009년 9월

개혁적
보수주의의 타락

역시 담대한 희망은 말하기는 쉬워도 실천하기란 어렵다. 지난
1년간 미국정치의 과정은 이것을 생생하게 보여준다.
오바마 미국 대통령의 추락과 얼마 전의 중간선거 대패를
말하는 것이 아니다. 존 매케인 전 공화당 대선후보이자
상원의원의 최근 타락을 보면서 느낀 점이다.
오바마가 미국 민주당의 담대한 희망이라면, 매케인은 미국
공화당의 담대한 희망이었다.

오바마 담대한 희망의 핵심 키워드는 민주당의 혼과 애국적
통합정신의 회복이다. 그는 9·11테러 이후 민주당이 혼과
용기를 잃어버리고 정의롭지도 국가이익에 부응하지도 않는
전쟁에 순응하는 태도에 대해 담대한 도전을 제기한 바 있다.
그리고 당파적 이익을 넘어 초당적으로 미국사회의 통합을
꿈꾸었다. 진보파가 그토록 압력을 넣은 '공적 옵션' 조치도
그는 초당적 법안을 위해 포기했다.

이러한 정신을 가진 오바마이므로 과거 선거운동 시절에
저명한 보수주의자 콜린 파월 전 국무장관이 놀랍게도 지지를
표명하기도 했다.

매케인은 80년대 이후 공화당이 원래 개혁적 보수인 시어도어 루즈벨트의 전통과 완전히 결별하고 금권과 특권층의 대변자로 전락한 것에 대해 담대한 도전을 제기한 바 있다. 그리고 당파적 이익을 넘어 초당적으로 미국사회의 통합을 꿈꾸었다. 그와 민주당 파인골드 상원의원의 정치자금 개혁 법안은 그 상징이라 할 수 있다.

이러한 그의 노력이 있었기에 심지어 2004년에 민주당은 그를 부통령 후보로 영입하려고 공을 들이기도 했다.

하지만 2010년의 매케인은 2004년의 그와 사뭇 다른 DNA를 가지고 있는 것으로 보인다. 그는 2008년에는 대선의 승리를 위해서 또 그 이후에는 공화당 내 생존을 위해서 개혁적 보수의 혼을 잃어버렸다.

한때 매케인은 놀랍게도 부시 전 대통령의 위험천만하고 특권층만을 대변하는 영구적 감세 조치에 대해 용기 있게 반기를 들었다. 하지만 지금 그는 경제상황이 경기부양이 필요한 상황으로 바뀌었다는 교묘한 말로써, 적자로 만신창이가 된 상황에서도 부자 감세조치를 주장하고 있다. 한때 그는 민주당 온건파와의 협력을 통한 초당적 이민법 개혁의 상징이었다. 그는 비록 보수주의자답게 불법이민 방지를 위한 단호한 조치를 옹호했지만, 일부 강경 보수주의자들처럼 이들을 범죄와 처벌의 패러다임으로 대하는 것이 아니라 미국사회로 통합하기 위한 제도적 조치를 고민하였다.

하지만 오늘날 그는 애리조나의 반이민법 운동에 대해 힘을 실어주며 심지어 불법이민자의 외모를 풍기는 사람은

자의적으로 조사할 수 있게 하는 섬뜩한 악법을
옹호하기도 한다.

무엇이 그를 이토록 타락하게 했을까? 여러 가지 이유가
있겠지만, 오늘날 미국 보수주의는 지난날 시어도어
루즈벨트의 개혁 보수주의 운동이 되살아나기에는 너무
우경화했기 때문일 것이다.
오늘날 공화당은 모든 규제를 무력화한 시장 전체주의로
경제대위기를 가져온 주범이면서도 태연하게 작은 정부와
사회연금의 민영화 같은 위험천만한 조치를 노골적으로
옹호하고, 반이민주의 물결에 편승하여 미국에서 태어난
사람에게는 자동으로 시민권을 부여하는 수정헌법 제14조의
폐지를 선동하고 있다.
미국 경제위기 탈출의 핵심 수단이 바로 국가의 책임 있는
역할과 아메리칸 드림이 가능한 개방적 문화인데 말이다.

몇 달 전, 출장길에 들른 미국 상원에서 반이민법의 필요성에
대해 핏대를 세우고 있는 매케인을 방청석에서 지켜보는 나의
심정은 참담했다. 더 이상 그를 트위터로 팔로잉하고 싶은
마음이 사라져 간다.
개혁적 보수주의가 퇴색해 가는 미국은 퇴조의 늪으로 더욱더
빠져들고 있다는 느낌을 지울 수 없다.

9·11테러와 같은 충격적 사건은 미국인들의 가슴속에 큰
상흔을 남겼다. 그 현장에서 딸의 등교를 돕던 나는 아직도
하늘의 비행기를 보면 트윈 타워가 흐릿한 영상으로 겹쳐

나타난다. 전형적인 외상 후 스트레스 증후군이다.

많은 미국인들도 과거 베트남전 패배의 상흔에 이어 이 9·11테러의 트라우마로 고통을 받아왔다. 하지만 얼마 전 9·11테러의 상징인 빈 라덴의 죽음은 비로소 그들에게 오랜 트라우마로부터 벗어날 길을 제공하였다.

그러나 여기서 중요한 질문은 어느 방향으로의 탈출인가이다. 특히 미국의 리더인 오바마 대통령의 마음상태가 이제 어디로 향하는가는 비단 미국의 운명만이 아니라 전지구적으로도 중요한 파장을 미친다. 사실 일반시민뿐 아니라 고도로 훈련된 엘리트들에게도 마음의 미묘한 상태는 정책노선 판단에 중요한 영향을 끼친다.

후보시절과 임기 초반 오바마의 주된 마음의 상태와 이를 표현해 주는 정체성은 평화의 사도였다. 그는 군사주의적 노선을 추구한 부시 행정부에 맞서서 이라크전쟁 반대를 용기 있게 선언하여 하루아침에 스타로 부상했다.

오바마는 취임 후에도 첫 국제 인터뷰 상대로 선택한 〈알 자지라〉 방송과의 회견에서나 혹은 중동을 직접 방문해서 상호의존과 상호존중의 평화로운 지구공동체를 역설하여 감동을 준 바 있다. 이 시기 그의 주된 구호는 "전쟁이냐 평화냐"로 요약될 수 있다.

이러한 노력의 결실로 그는 뜻하지 않게 2009년 노벨평화상을 받게 된다. 그런데 흥미롭게도 그의 후보시절 어떠한 이벤트보다 더 측근들을 들볶아서 엄청난 정성을 들여 준비한 그 연설의 주제는 평화가 아니었다. 노벨평화상 주최측이 곤혹스럽게도 연설주제는 다름 아닌 전쟁이었다.

그는 정치사상가 왈저(M. Walzer)의 '정의의 전쟁 이론'을
인용하여 자신은 간디와 같은 평화주의자가 아니라 정의의
전쟁의 사도임을 선언해서 전지구를 놀라게 했다. 이 시기 그의
주된 구호는 '정의 대 부정의의 전쟁'으로 요약될 수 있다.

그는 진보주의자들에게 다음과 같이 말하고 싶었던 것이다.
"제발 나를 제2의 간디나 만델라로 기대하지 마라. 난 전지구적
제국이라는 호랑이의 등에 올라탄 수장이다. 하지만 난 이
맹수를 길들이며 전쟁을 통해 정글의 부정의를 제압하여
정의를 실현할 것이다."

이제 빈 라덴의 암살은 오바마의 마음상태의 제3기를 열
것이다.
문제는 과연 그게 무엇이 될 것이냐이다. 예리한 역사학자인
도리스 컨스 굿윈(D. K. Goodwin)은 얼마 전 한 아침
토론프로에 출연하여, 50 대 50의 위험한 도박과 같은 작전을
성공리에 지휘한 오바마는 이제 자신의 판단에 강한 자신감을
가지고 외교노선을 이끌고 나갈 것이라고 전망했다. 과거
쿠바 미사일 위기를 성공리에 마무리한 케네디가 그러하듯이
말이다.
하지만 오바마의 자신감은 두 가지 중요한 다른 길로 나타날 수
있다는 점을 주목해야 한다. 굿윈은 잊고 있지만, 케네디 행정부
관계자들도 그러하였다.
케네디는 쿠바 미사일 위기를 거치면서 냉전의 가공할
위험성을 절실히 자각했다. 그리하여 그는 미소간의 핫라인
개설은 물론이고 카스트로 쿠바 서기장과의 획기적인 비밀

정상회담을 기획하다가 비극적 암살로 생을 마감했다.
동시에 맥나마라 국방장관 같은 케네디 정부 출신들은 쿠바
미사일 위기 당시 소련과의 벼랑 끝 전술에 재미를 들여 이후
위협적인 외교노선(이를 학문적으로는 강압적 외교라 칭한다)을
신중하지 못하게 전가의 보도처럼 휘두르고 수많은 부작용을
양산하고 만다. 부시 시절에 극적으로 부활한 이른바 네오콘도
이 강압적 외교노선을 전술이 아니라 극단적 종교교리로
승격시킨 이들에 불과하다.

만약 오바마의 정의의 전쟁의 마음상태와 빈 라덴 암살의
자신감이 결합된다면 그는 더 이상 감당할 수 없는 지구적
전쟁의 늪에서 허우적대다가 결국 후세의 미국 역사책에
불행한 시기의 무능한 리더로 기록될 것이다. 반대로 그가
이제라도 제국의 쇠퇴에 대해 더 절실히 자각하고 연착륙을
위한 전면적 노선 재검토를 시작한다면 그는 불행한 시기의
지혜로운 리더로 기록될 것이다.

이미 치열하게 진행되고 있는 아프간 철군 전술논쟁 이전에
지금 그가 해야 할 가장 중요한 과제는 거시적 시야의 전면
재검토이다. 즉 미국의 현자들을 모아 자신의 마음상태와
전지구적 맥락 속에서 미국을 깊이 성찰하는 것이다.
그가 어떠한 마음의 상태로 기울어지는가는 이후 미국과
지구적 질서의 운명에 미묘한 파장을 불러일으킬 것이다.

2010년 11월

김대중과 에드워드 케네디,
노무현과 오바마
:인생은 아름다웠고 역사는 발전했다

가슴 저리는 일이 계속되는 한 해 같다. '행동하는 양심'이라 할
거인의 서거가 다시 가슴을 아프게 한다.
한국에서는 김대중 전 대통령의 서거가 있었고, 미국에서는
지난 25일 에드워드 케네디 상원의원이 별세했다.

한국에서 김대중 집안처럼 수없는 죽음의 고비와 명암의
풍랑을 극적으로 겪은 집안이 또 있을까? 고문으로 망가진
김홍일 전 의원의 몸을 차마 똑바로 쳐다볼 수 없었다. 그는
마치 우리가 편안하게 민주주의의 혜택을 누릴 때, 그것이 어떤
토대 위에서 만들어졌나를 직시하라고 온몸으로 처절하게
증언하는 것처럼 보인다.

미국에서는 케네디 집안처럼 비극적 암살과 불행한 사고
그리고 극적인 명암의 기구한 인생을 겪은 집안이 또 있을까?

오늘날 미국인들은 극단적인 시장주의의 흐름 속에서도
메디케어(medicare, 정부에서 관리하는 노인보험)라는 귀중한
안전망이 갖춰져 있는 것을 당연하게 생각하며 그 혜택을
누리고 있다. 심지어 일부 유권자들은 바로 그 메디케어 정부

프로그램 때문에 편안한 노년을 보내면서도 최근 건강보험 논쟁에서 정부는 "내 삶에 끼어들지 마라"고 소란을 피운다. 그러나 이 메디케어의 성취는 존 F. 케네디의 비극적 암살과 케네디 가문의 투쟁이 없었다면 결코 가능하지 않았다.

극적인 삶의 한가운데 서 있던 두 거인은 위엄 있는 사자와 같은 이미지다. 놀랍게도 그들은 마키아벨리가 말한 '변덕스러운 시대의 여신'에 맞서서 보다 인간다운 사회를 만들기 위해 평범한 이들이 상상할 수 없는 투혼을 발휘해 왔다.

김대중 의원이 100만 명이 모인 집회에서 보여줬던 그 쩌렁쩌렁한 사자후는 당시 군부독재를 사시나무처럼 떨게 만들었다.
마찬가지로 '자유주의자의 사자'(liberal's lion)라는 별칭을 얻은 에드워드 케네디의 사자후는 미국을 근대 초기의 민주공화국 이전으로 퇴행시키고자 하는 극단적 보수주의자들을 떨게 하고 자꾸만 유약해지려고 하는 민주주의자들의 혼을 회복시켜 주었다.
하지만 그들의 극적인 삶에도 명암은 있다. 1987년 당시 여권의 과학적인 전술 앞에서 보여줬던 양김의 아마추어적 분열은 분노를 일으켰다. 그러나 김대중은 이후 정권교체를 위한 과학적이고 필사적인 노력 끝에 한국정치의 물꼬를 민주적으로 선회시키는 데 성공했다.

비록 김대중이 신자유주의의 흐름에 지나치게 순응했지만, 당시 입으로는 진보를 외친 진보파들은 IMF 재협상을 외친

그의 놀라운 용기와 혜안 앞에서 그를 지켜내지 못했다. 그는
결국 현실주의적 행보를 취할 수밖에 없었다.

마찬가지로 존 F. 케네디와 로버트 케네디의 암살 이후
그 엄중한 역사적 책임을 이어받은 에드워드 케네디가
어처구니없는 스캔들로 대통령의 꿈을 접어야 했던 사건을
잊을 수 없다. 하지만 그는 이후 대통령보다 더 대통령다운
상원의 거인으로서 수많은 업적을 남겼다.
빌 클린턴 대통령의 야심찬 의료보험 개혁이 대실패로 끝나
모두가 좌절하고 있을 때도 에드워드 의원만은 좌절하지
않았다. 그는 초당적으로 공화당 의원들을 설득해 가며 결국
점진주의 방식으로 어린이 건강보험 프로그램(SCHIP)이라는
훌륭한 성취를 이루어냈다. 당시 미국에서 딸을 키웠던
나로서는 그의 서거소식을 들었을 때 제일 먼저 그때 우리가
그에게 얼마나 고마워했는지에 대한 기억부터 떠올랐다.

비록 그들의 삶에는 명암이 있었지만, 이후의 정치에서는
밝음만을 물려주려고 필사적으로 노력했다는 것을 기억할
필요가 있다. 민주공화국으로의 이행이라는 측면에서 김대중
대통령 특유의 조심스러운 국정운영에 이어 노무현 대통령의
민주공화국으로의 본격적 행보는 어떻게 가능했을까?

여러 이유가 있겠지만 그중 하나로 김대중 전 대통령이 새로운
정치인을 발굴하는 데 강한 의지를 가졌다는 점을 들 수 있다.
지금은 대부분 잊어버렸지만 '노풍'의 출현과 지속적인 유지는
김대중 전 대통령의 우호적 태도와 무관하다고 할 수 없었다.

한국의 개혁이나 진보파들에게는 그런 장기적 시야를 가진
거인이 있나?

마찬가지로 어처구니없을 정도로 빈약한 경력을 가졌던 애송이
버락 오바마의 바람은 어떻게 가능했나?
그 결정적인 요인 중 하나는 바로 케네디가(家)의 용기 있는
지지였다는 것을 누구도 부인하지 못할 것이다. 에드워드
케네디의 지지선언 이후 '대통령 오바마'는 한낱 달콤한 꿈에서
실현 가능한 꿈으로 바뀌어나갔다.

김대중 전 대통령의 서거로 이른바 '3김 시대'는 막을 내렸고,
에드워드 케네디 이후 더 이상 거인이 존재하지 않는
케네디가의 시대도 막을 내렸다. 이제 미국에서 보다 진보적인
사회를 위해 사자후를 토하면서도 초당적으로 존경받을 수
있는 에드워드 케네디만큼의 거인은 오바마 대통령을
제외하고는 존재하지 않는다.

한국의 진보정당 대표들과 유사한 폴 웰스톤 상원의원이
그러한 초당적으로 존경받을 인물로 존재했지만 그도 이미
유명을 달리했다. 마찬가지로 한국에서도 누가 진보적 꿈을
선도하면서도 보수진영마저 경의를 표할 수밖에 없는 무게를
가지고 있을까, 지극히 회의적이다.
더 유감스러운 것은 그들은 아직 민주공화국이 세워지거나
혹은 공고해지기도 전에 우리 곁을 떠났다는 것이다. 한국은
지금 민주주의가 퇴행하고 있고 경제적 토대가 부실해지고
있지만, 이를 교정할 정치세력이나 거인의 잠재력을 가진

이들은 존재하지 않는다.

더 아쉬운 것은 거인의 잠재력을 가진 이들을 발굴해 낼 거대한 온·오프 '대중적 바다'를 만드는 것에 대해 이해찬 전 총리를 제외하고는 적극적으로 나서는 정치세력이 없다는 사실이다.

지금의 시대정신은 진보의 꿈을 가지면서도 초당적인 국가에 대한 혼과 애국심을 가진 지도자를 요구하는 것으로 바뀌고 있는데 정작 정치세력들은 아직도 이를 감지하지 못한다. 김대중 전 대통령은 서거하기 직전 처절한 몸부림으로 마지막 한 방울의 에너지를 짜내며 이를 호소했다.

미국은 우리보다 앞서서 오바마라는 시대정신의 구현자를 만들어냈다. 그러나 오바마는 구시대 막내가 아니라 새 정치질서의 선구자로 당선되었지만, 아직 그는 구시대의 유령들과 싸우다 서서히 지쳐가고 있다. 폴 크루그먼 교수가 사용한 표현을 빌리자면, '레이건 시대의 좀비'(이미 파산한 시장 근본주의자)들이 미국의 초당적 미래를 위해 너무도 소중한 건강의료보험 개혁조치를 단지 오바마를 파괴하기 위해 수단과 방법을 가리지 않고 방해하고 있다. 그런 점에서 지금 의료보험 개혁이 위기에 처해 있는 미국에서 의료보험 개혁의 아이콘인 에드워드 케네디의 빈 자리는 너무도 크다. 악성 뇌종양을 앓았던 케네디는 서거하기 직전까지 자신의 죽음 후 의료보험 개혁이 파산하는 걸 막기 위해 마지막 처절한 몸부림을 한 것으로 알려진다.

하지만 미국의 일부 논객들이 말하듯, 에드워드 케네디의

서거로 이제 의료보험 개혁이 더 좌초할 것이라는 예상에는
동의하지 않는다. 아니, 솔직하게 동의하고 싶지 않다.
오히려 아이러니하게도 그의 서거로 미국의 진보주의자들과
합리적 보수주의자들은 케네디의 국가에 대한 사랑과 열정을
기억하며 힘을 모으리라고 본다.
성공 여부는 불투명하지만 언젠가 그들은 의료보험 개혁을
완성시킬 것이다. 그 법안에 사인하는 날 아마 오바마 혹은
이를 성공시킨 그 다음 대통령은 케네디를 추억하며 눈물지을
것이다.

한국에서도 김대중 전 대통령의 서거로 개혁진영이 더 큰
어려움에 처할 것이라고 예상하는 사람들도 있다. 하지만 이
경우에도 역설적으로 작용할 가능성이 높다.
한국의 다양한 정치세력들 중에서 김대중 대통령 서거의
복합적 의미를 깊이 통찰하는 세력들이 미래를 주도할 것이다.

2009년 8월